戰國鉨印卷

羅士澍敬題

甘露堂藏

战国箴言玺

周建亚 著

文物出版社

图书在版编目（CIP）数据

甘露堂藏战国箴言玺 / 周建亚著. －北京：文物
出版社，2013.7
ISBN 978-7-5010-3745-2

Ⅰ．①甘… Ⅱ．①周… Ⅲ．①古印（考古）－研究－
中国－战国时代 Ⅳ．①K877.64

中国版本图书馆CIP数据核字（2013）第145596号

甘露堂藏战国箴言玺

周建亚 著

书名题字　苏士澍
装帧设计　李猛工作室
责任印制　梁秋卉
责任编辑　李缙云

出版发行　文物出版社
地　　址　北京市东直门内北小街 2 号楼
邮　　编　100007
网　　址　http://www.wenwu.com
　　　　　E-mail:web@wenwu.com

制版印刷　北京方嘉彩色印刷有限责任公司
开　　本　787 毫米×1092 毫米　1/16
印　　张　15
版　　次　2013 年 7 月第 1 版
印　　次　2013 年 7 月第 1 次印刷
书　　号　ISBN 978-7-5010-3745-2
定　　价　320.00 元

序（一）

世界几大古代文明多有玺印发现，中国玺印的起源也相当久远，有一些出土实例证明，至迟在商代晚期业已存在了。不过当时应用还不甚普遍，及至东周战国时代骤然兴盛，到秦汉更是大为流行，成为古文字文物中数量最大的门类之一，对于研究古代历史文化，特别是文字的发展演变，有着非常重要的意义。

秦朝以前的玺印，特称作古玺，自宋元以来颇受学者注意，但长期和后世印章混列一起，没有得到识别。只是到了清代中叶，伴随古文字研究的进展，古玺才被分划出来。清末民初，已有学者辑集古玺的专门谱录，如吴大澂的《千铢（玺）斋古铢（玺）选》等，古玺的种种特点于是逐步为学界所认识。

古玺既然主要是战国时代的，古玺文字的研究自然是战国文字研究不可缺少的一部分。20世纪20年代，王国维先生首倡战国文字研究，即以古玺作为重要的依据。其后战国文字研究之所以能建成古文字学的一个独立分支，也同古玺研究的深入密切相关。由于古玺涵盖战国时代东西方列国的各种字体，文字结构又极富于变化，近年许多学者对战国文字的学习研索，都是从古玺方面开始着手的。

需要在此一说的是，尽管很多人重视古玺，有志于古玺的学习研究，实际接触古玺，掌握这方面的知识，却还是有不少困难的。古玺数量繁多，收藏又零细分散，大多数谱录乃是钤本，不是正式的印刷出版物，从而传流不广，有的极难见到。我们当然要感谢罗福颐先生，他以多年精力，纂成名作《古玺汇编》，所参用谱录大部为一般学人所不能见，然而在《汇编》之外、之后，还有难于尽计的谱录和零散钤本，有待进一步搜辑纂录。

研究古玺还有一个问题，就是传世材料大多只存文字钤本，没有古玺的形制可见，这对于考察古玺的性质、时代和地域是十分不利的。况且古玺的研究还应有工艺和美术的层面，仅凭钤本，这些便谈不到了。

周建亚先生长期关注古玺，收藏甚丰，最近选录精品，编成《甘露堂藏战国箴言玺》一书。所载古玺，除钤本外，都有器形图片和文字摹印，记出尺寸，附以详细描述。这样的体例，当能满足读者的要求。值得注意的，周建亚先生还对古玺文字的内涵和所反映的思想，作出讨论阐发，富有新意。这部书将在文物出版社出版，谨赘此数语为序。

李学勤

2013 年 1 月 17 日

序（二）

周建亚先生是我结交多年的好朋友，也是我国知名的文物艺术品收藏家。我们是1984年初相识的，屈指算来已近30年了。那时，他虽然担任着中国人民解放军洛阳外国语学院军需处的副处长，但早已是一位邮票和钱币收藏家了。后来，他的收藏领域逐渐拓展，遂成为全国闻名的收藏大家。甘露堂珍藏的文物古玩，从邮票、钱币、玺印、青铜器、陶瓷器到书画艺术品，可谓种类众多，内容丰富，精品荟萃。我每次到他那里参观，都会大饱眼福，收益良多。

他为人谦和友善，处事沉稳低调，在洛阳乃至全国收藏界都有很好的口碑。他长期担任洛阳文物收藏学会的常务副会长兼秘书长，乐于为大家办事服务，受到洛阳广大藏友的好评。他乐于做公益事业，30多年来，向中国国家博物馆、中国人民革命军事博物馆、中国钱币博物馆、河南省博物院等单位捐赠了大量珍贵文物，受到有关部门的称赞和表彰。他还协助我编撰《易学考古与中华文明》丛书，已由中华书局陆续出版，为易学发展做出了贡献。

西方人重视签字，中国人崇尚玺印。蔡邕《独断》卷上说："印者，信也。"玺印是人们用来昭示诚信的重要凭证，也是中华文化的独特景观。中国人使用玺印，具有悠久的历史。早在春秋战国时期，玺印已广泛流行。玺印的材质大都以青铜、金银、玉石、木料制成，形体小巧玲珑，造型规整典雅，印文寓义深刻。它不但是国家权力和官僚士大夫身份地位的象征，也是文人雅士思想志趣的写照。值得注意的是，印身的上部多为圆形或覆斗状，底面多呈方形，印面刻铸文字。圆形像天体，方形类地理，印文纪人事。因此，玺印体现的文化蕴涵，正是中华传统文化中"天人合一"思想的具体反映。

自宋代以降，随着金石学的兴起，学者对古代玺印的搜集、整理和著录日益受到重视，有关著作也逐渐增多。目前，玺印文字研究，已成为古文字学研究的专门领域。以往学者对古玺印的种类，多分为官玺、私玺、成语玺、图像玺和少数民族玺等，而将箴言玺、吉语玺包括在"成语玺"里。后来，随着玺印文字研究的深入，学者们逐渐把箴言玺从成语玺中分离出来，进行专门研究。何谓箴言玺？箴者，规戒也，劝勉也。故箴言玺就是古代士人规范自身思想行为的"座右铭"。因此，凡箴言玺文字都具有深刻的思想文化内涵，也就不足为奇了。

　　周建亚先生将他珍藏的战国箴言玺作为专题，深入研究，整理出版，成为第一部研究箴言玺的学术专著，因而具有重要意义。他认为"吉语玺内容是人们对自身生活的渴望，对外部世界的祈求；而箴言玺则是人们对外部世界（包含自然界和人类社会）的深刻领悟，对自身心理和行为作出适宜地规范。正如《曾子·内篇》所言'是故君子有诸己，而后求诸人。'简言之，吉语求诸外，箴言求诸己。"这些见解都是颇为新颖的。同时，箴言玺文字所折射出来的思想内涵，深邃丰富。他指出："统观战国箴言玺，大体可以分为：一、修身篇；二、养性篇；三、礼仪篇；四、正名篇。"这种分类也是比较得当的。特别是他将每枚印文都进行隶定释读，分类研究，并广征博引，探究其思想渊源，形成自己独到的看法，从而把箴言玺研究提高到一个新的水平。这些都大大超越了一般收藏家的境界和水准，是值得称颂的。是以特为之序，以飨读者。

蔡运章

2013 年 3 月 25 日于洛阳

目 录

序（一） ⋯⋯⋯⋯⋯⋯⋯⋯ 7

序（二） ⋯⋯⋯⋯⋯⋯⋯⋯ 9

前 言 ⋯⋯⋯⋯⋯⋯⋯⋯ 15

壹 修身篇 ⋯⋯⋯⋯⋯⋯ 18

001 身玺 ⋯⋯⋯⋯⋯⋯ 21
002 修身玺 ⋯⋯⋯⋯⋯⋯ 22
003 信玺 ⋯⋯⋯⋯⋯⋯ 23
004 真心玺 ⋯⋯⋯⋯⋯⋯ 24
005 躺（信）玺 ⋯⋯⋯⋯⋯ 25
006 悬（信）玺 ⋯⋯⋯⋯⋯ 26
007 中悬（信）玺 ⋯⋯⋯⋯ 27
008 有悬玺 ⋯⋯⋯⋯⋯⋯ 28
009 中身玺 ⋯⋯⋯⋯⋯⋯ 29
010 中身玺 ⋯⋯⋯⋯⋯⋯ 30
011 长身玺 ⋯⋯⋯⋯⋯⋯ 31
012 审仁信玺 ⋯⋯⋯⋯⋯ 32
013 审事玺 ⋯⋯⋯⋯⋯⋯ 33
014 郘（信）玺 ⋯⋯⋯⋯⋯ 34
015 中郘玺 ⋯⋯⋯⋯⋯⋯ 35
016 成相玺 ⋯⋯⋯⋯⋯⋯ 36
017 恝终女司玺 ⋯⋯⋯⋯ 37
018 可行玺 ⋯⋯⋯⋯⋯⋯ 38
019 可以正下玺 ⋯⋯⋯⋯ 39
020 可以正氏玺 ⋯⋯⋯⋯ 40
021 可以正勿玺 ⋯⋯⋯⋯ 41

贰 养性篇 ⋯⋯⋯⋯⋯⋯ 42

022 忠玺 ⋯⋯⋯⋯⋯⋯ 45
023 忠仁玺 ⋯⋯⋯⋯⋯⋯ 46
024 交仁玺 ⋯⋯⋯⋯⋯⋯ 47
025 仁士中心玺 ⋯⋯⋯⋯ 48
026 兼玺 ⋯⋯⋯⋯⋯⋯ 49
027 善玺 ⋯⋯⋯⋯⋯⋯ 50
028 中善玺 ⋯⋯⋯⋯⋯⋯ 51
029 长善玺 ⋯⋯⋯⋯⋯⋯ 52
030 善行玺 ⋯⋯⋯⋯⋯⋯ 53
031 善寿玺 ⋯⋯⋯⋯⋯⋯ 54
032 昌内大吉玺 ⋯⋯⋯⋯ 55
033 庆玺 ⋯⋯⋯⋯⋯⋯ 56
034 喜玺 ⋯⋯⋯⋯⋯⋯ 57
035 憙玺 ⋯⋯⋯⋯⋯⋯ 58
036 意玺 ⋯⋯⋯⋯⋯⋯ 59
037 啓意玺 ⋯⋯⋯⋯⋯⋯ 60
038 啓喜玺 ⋯⋯⋯⋯⋯⋯ 61
039 安乐慎事玺 ⋯⋯⋯⋯ 62
040 喜事玺 ⋯⋯⋯⋯⋯⋯ 63
041 上玺 ⋯⋯⋯⋯⋯⋯ 64
042 尚玺 ⋯⋯⋯⋯⋯⋯ 65
043 百尚玺 ⋯⋯⋯⋯⋯⋯ 66
044 高玺 ⋯⋯⋯⋯⋯⋯ 67
045 中玺 ⋯⋯⋯⋯⋯⋯ 68
046 正玺 ⋯⋯⋯⋯⋯⋯ 69
047 中正玺 ⋯⋯⋯⋯⋯⋯ 70
048 道玺 ⋯⋯⋯⋯⋯⋯ 71
049 毋方玺 ⋯⋯⋯⋯⋯⋯ 72
050 古玺 ⋯⋯⋯⋯⋯⋯ 73
051 壹志玺 ⋯⋯⋯⋯⋯⋯ 74

052	忠心喜治玺	75
053	中壹玺	76
054	安宗玺	77
055	精玺	78
056	中青玺	79
057	中清玺	80
058	青明玺	81
059	定玺	82
060	富玺	83
061	富心玺	84
062	正行玺	85
063	正行玺	86
064	正行治士玺	87
065	正行亡曲玺	88
066	正行亡曲玺	89
067	正行亡厶玺	90
068	忠仁思士玺	91
069	忠仁思士玺	92
070	云子思士玺	93
071	求士玺	94
072	百赏玺	95
073	百尝玺	96
074	右玺	97
075	君子之右玺	98
076	中玺	99
077	木玺	100
078	乙玺	101
079	禾玺	102
080	禾玺	103
081	睦玺	104
082	上下和玺	105
083	私玺	106
084	厶玺玺	107
085	厶公之玺玺	108
086	母相亡心玺	109
087	相如玺	110
088	相思玺	111
089	相思玺	112
090	相敬玺	113
091	相教玺	114
092	之玺	115
093	得志玺	116
094	相思得志玺	117
095	従志玺	118
096	従志玺	119
097	高志玺	120
098	有志玺	121
099	文玺	122
100	文玺	123
101	上文玺	124
102	敬文玺	125
103	宜玺	126
104	正宜玺	127
105	正宜玺	128
106	禾宜玺	129
107	宜事玺	130
108	宜行玺	131
109	立宜玺	132
110	善宜玺	133
111	宜有君士玺	134
112	宜有上士玺	135
113	宜有百金玺	136
114	宜有百万玺	137
115	敬命玺	138
116	悊命玺	139

叁　礼仪篇 ————— 140

117	礼玺	143
118	听玺	144
119	悆禾敬听玺	145
120	保家玺	146
121	和众玺	147
122	安众玺	148
123	得众玺	149
124	孝弟玺	150
125	贞孝玺	151
126	悆终玺	152
127	俗印玺	153
128	师俗玺	154
129	政玺	155
130	政玺	156
131	正下玺	157
132	共玺	158
133	共玺	159
134	敬玺	160
135	敬玺	161
136	敬玺	162
137	自敬玺	163
138	自曲玺	164
139	敬玺玺	165
140	慎玺	166
141	悆玺	167
142	日悆玺	168
143	日贵玺	169
144	慎守玺	170
145	悆玺玺	171
146	悆之玺	172

147	厶敬玺	173
148	母治玺	174
149	日敬母治玺	175
150	日敬毋治玺	176
151	壹心慎事玺	177
152	敬事玺	178
153	敬事玺	179
154	敬事玺	180
155	敬事玺	181
156	悆事玺	182
157	悆事玺	183
158	宋穨·慎事玺	184
159	敬行玺	185
160	悆行玺	186
161	思言玺	187
162	思言玺	188
163	莫言玺	189
164	悆言玺	190
165	慎言敬愿玺	191
166	敬上玺	192
167	悆上玺	193
168	敬开上玺	194
169	敬悆开上玺	195
170	敬祀玺	196
171	思言敬事玺	197
172	文□□□玺	198
173	王□□□玺	199
174	宙玺	200
175	漩涡纹玺	201

肆　正名篇　202

176　士玺　205
177　士玺玺　206
178　仁士玺　207
179　仁士玺　208
180　中士玺　209
181　王之上士玺　210
182　壮士玺　211
183　喜士正行玺　212
184　宜士和众玺　213
185　宜民和众玺　214
186　安官玺　215
187　宜官玺　216
188　宜官玺　217
189　悊官玺　218
190　长官玺　219
191　宜王玺　220
192　生玺　221
193　生玺　222
194　生玺　223
195　上又生玺　224
196　明上玺　225
197　明下玺　226
198　喜生玺　227
199　富生玺　228
200　宜生玺　229
201　悊生玺　230
202　昌生玺　231
203　王亓有正玺　232
204　公玺　233
205　公玺　234

甘露堂记　236
后记　238

前　言

　　玺印，作为信用的凭证，发展到战国时期，使用范围已经十分广泛。不仅有官玺、私玺、肖形玺、吉语玺，还有一种箴言玺，数量大，品种多，思想内容丰富。它们既有实用价值，又有审美价值；既是物质文化，又是精神文化，体现了战国时期人们的审美标准和文化风貌。战国时期王权衰落，诸侯争霸，官学破碎，私学兴起，言论自由是重要的时代变化，形成百家争鸣、百花齐放的时代特征。当时的诸子百家中，《周易》哲学思想、道家思想以及儒家思想深刻地影响着社会变革，改变着人们的思维方式，引导着人们的信仰追求，成为中华民族思想史上最活跃、成果最卓著、影响最深远的时期。除设坛讲演，著书立说以外，还充分利用小不盈握的玺印，用最时尚的书法，最精炼的文辞，篆刻出自己的世界观，佩挂在身，用以警示自己，规诫他人，这就是箴言玺。

　　战国箴言玺的流通区域在山西、陕西、河南、甘肃、宁夏、内蒙古、河北、山东等地，尤以当时的三晋和秦地为最。从材质上分，有金（仅见）、铜（最多）、玉、绿松石以及铅等；从形制上分，有圆形、方形、心形、亭形、带钩形、半球形、圭形、动物形、穿带、随形及铺首衔环等。以秦玺造型最为丰富奇特，亦最为精美。从玺文形制看，有白文、朱文，有反书，亦有正书。正书玺则完全脱离了玺印本身原有的钤印功能，成为佩带饰物。玺文书法多为当时通用的小篆，其中以三晋玺和秦玺的书法艺术价值最高，其布局精妙奇巧，笔画细劲端庄。

　　战国箴言玺是我国文化遗产中的一枝奇葩，是中华民族传统文化的重要组成部分。对于战国箴言玺，近现代已有多位学者专门撰文研究，罗振玉于1915年在《赫连泉馆古印存序》中首先指出古玺中有"成语印"。后来的专门研究有叶其峰《战国成语玺析义》（《故宫博物院院刊》1983年第1期）、王辉《秦印探述》（《文博》1990年第5期，称箴言玺为"吉语印"，还未把箴言玺和吉语玺分开）、李东琬《箴言古玺与先秦伦理思想》（《北方文物》1997年第2期）、王人聪《战

国吉语、箴言玺考释》(《故宫博物院院刊》1997 年第 4 期) 以及叶其峰编著的《古
玺印与古玺印鉴定》(文物出版社，1997 年)。他们对战国箴言玺的研究做了重
要工作，各有所长。如李东琬"关于箴言玺的定名"的论述十分精辟，对吉语玺
和箴言玺的分类也比较明确。关于吉语玺和箴言玺的用途，叶其峰在《古玺印与
古玺印鉴定》中指出"除少数专为随葬而刻制的吉语印以外，大多应是人们佩带
之物，既是饰品，又蕴涵着特殊的意义"。王辉在《秦印探述》中认为"是官吏
随身携带以作座右铭的"。甚确。但随着学术界对古文字研究的不断深入以及箴
言玺的不断被发现，有些观点值得商榷，有必要在此基础上作出新的考证。

关于箴言玺的分类，叶其峰《古玺印与古玺印鉴定》中分为三类："其一，对上，
对礼制。其二，对他人。其三，对己。"似不全面。孔子曰："君使臣以礼。"说
明君臣上下相处均有礼制规范。另外，吉语玺内容是人们对自身生活的渴望，对
外部世界的祈求；而箴言玺内容则是人们对外部世界 (包含自然界和人类社会)
的深刻领悟，对自身心理和行为作出适宜的规范。正如《曾子·内篇》所言："是
故君子有诸己，而后求诸人。"简言之，吉语求诸外，箴言求诸己。统观战国箴言玺，
大体可以分为：一、修身篇；二、养性篇；三、礼仪篇；四、正名篇。极少数无
法考释的归入礼仪篇。

有些箴言玺重复品较多，由于形制不同，书法有别，布局各异，为了欣赏，
所以一并刊出。为了让读者比较准确地了解战国箴言玺的著录、收藏情况，本书
根据《古玺汇编》(此书集九个国内大型博物馆古玺资料和六十种历代古玺图录
资料汇编成谱，极具权威性。以下简称《汇编》) 和近几年民间收藏，对每枚箴
言玺分别作出罕见、珍稀、常见和较多四个等级的界定，从中可以看出各种箴言
玺在战国时期的社会认同度。

许雄志在其主编的《秦代印风》中认为建国以来，考古工作者从秦墓发掘出

土的私印中，也有一部分箴言玺，如"敬事"、"忠仁"、"彭祖"等，"因无款识纪年，很难断定其绝对年代。即便是秦15年间墓葬中出土的印章，其墓主人早年生活在战国时期，所以印章仍然有可能是制作于战国时期的。在考古学上把统一前后的秦作明确的划分是困难的"。所以本书把属秦代（甚至极少数西汉早期）的箴言玺归于战国时期，统称秦玺，一并考释。需要指出的是，刘邦灭秦建立西汉王朝以后，国泰民安，物质丰富，人们不再使用箴言玺，改用铭文镜表达志向。如西汉"内清"镜就是对战国"中青"、"中清"、"青明"等玺的具体发挥。所以秦代出土的箴言玺和战国箴言玺合在一起，才是完整的系列。

由于本人不从事古文字、思想史的专门研究，仅仅是一个战国箴言玺的收藏爱好者，一生就怕写文章，经常是心中有意，笔下无词，生怕对箴言玺文作出错误的解释，贻误读者。《诗经》有言："嘤其鸣矣，求其友声。"本书释文解义中不当之处，在所难免，敬请方家斧正。

编者

2012 年 1 月 1 日

壹

修身篇

《中庸》第二十二章：
"凡为天下国家有九经，曰修身也，
尊贤也，亲亲也，敬大臣也，
体群臣也，子庶民也，来百工也，
柔远人也，怀诸侯也。修身则道立。"

《大学》第一章：
"自天子以至于庶人，
壹是皆以修身为本。"

《中庸》第二十章：
"修身以道，修道以仁。"
"故君子不可以不修身。
思修身，不可以不事亲；
思事亲，不可以不知人；
思知人，不可以不知天。"

《曾子·内篇》：
"修身在正其心。"

《孟子·尽心上》：
"存其心，养其性，所以事天也。
殀寿不弍，修身以俟之，所以立命也。"

铜质。方形，鼻纽。连珠纹纽座。长 1.4、宽 1.3、高 1 厘米，重 7.8 克。
玺体上宽下窄，造型奇特，满身绿锈。玺文为单字"身"，阳文，正书。
风格属秦。正书已完全失去古玺拓印功能，为纯粹的掌上珍玩。《汇编》
无此玺，民间珍稀。

身通信。《孔子家语·哀公问政》："取人以身，修道以仁。"《孟子·离
娄上》："诚身有道，不明乎善，不诚其身矣。""守，孰为大？守身为
大。""守身，守之本也。"以上引文中的"身"都应读作"信"。

身　信也，慎守诚信。

修身玺

铜质。方形，鼻纽。边长0.9、高1.1厘米，重4克。出土于平顶山地区。玺体方正，满身呈黑漆古色，只在鼻纽孔内和字口下部附有零星绿锈，玺面右上角残。玺文为"修身"二字，阳文，反书，风格属三晋。《汇编》无此玺，民间罕见。

修谓涵养。《尚书·皋陶谟》："慎厥身，修思永。"《吕氏春秋·音初》："故君子反道以修德。"身，通信。《曾子·内篇》："修身在正其心。"

修身 涵养心性，慎守清静和真诚。《曾子·内篇》："'如切如磋'者，道学也。'如琢如磨'者，自修也。"

铜质。方形，坛纽。长 1、宽 0.9、高 0.9 厘米，重 3.3 克。玺体覆翠绿锈，有一侧面除锈后露红斑。玺文为单字"信"，阴文，反书，风格属秦。《汇编》收入 6 枚，民间常见。

信谓诚。《说文·言部》："信，诚也。从人从言，会意。"《论语·述而》："子以四教：文、行、忠、信。"

信　慎守诚信，言行一致。这是儒家倡导的美德，中华民族优良传统。

铜质。方形，瓦纽。长 1.7、宽 1.2、高 1 厘米，重 9.9 克。玺体附薄绿锈，局部清理后露红斑。玺文为"真心"二字，阴文，反书，风格属秦。《汇编》无此玺，民间常见。

许雄志主编的《秦代印风》第 246 页将此玺文释为慎，可疑。秦玺中单字玺都作方形或圆形，在《秦代印风》同一页就有一枚"慎"字玺为方形，本书慎玺也为方形，均可为证。长方形玺多为双字玺，所以释为"真心"较为确切。

真谓纯朴自然，诚实无假。《庄子·渔夫》："真者，精诚之至也。不精不诚，不能动人。""真者，所以受于天也，自然不可易也。故圣人法天贵真，不拘于俗。"《庄子·田子方》："其为人也真，人貌而天虚，缘而葆真，清而容物。"《助字辩略》卷一："真，诚也，信也。"心谓精神之主。《荀子·解蔽》："心者，形之君也，而神明之主也，出令而无所受令。"《孟子·尽心上》："存其心，养其性，所以事天也。"《管子·七法》："实也，诚也，厚也，施也，度也，恕也，谓之心术。"

真心 道法自然，慎守真诚的心态。

铜质。方形，坛纽。边长1、高1厘米，重2.6克。玺体呈铅白色，局部附灰绿锈，有一侧面的土锈结晶成糨糊状。玺文为单字"躬"（信），阳文，反书，风格属三晋。《汇编》中收入1枚，民间珍稀。

《说文》无此字。吴振武《〈古玺文编〉校订》第101页指出："身或从身得声之字古通信。"其说可信。《汇编》中收入从言从身的信字玺的编号为5283、5509，从身从言的信字玺编号为0191、0323、5287。可见此玺文读"信"无疑。

躬 信也。慎守诚信，言行一致。

㐰（信）玺

铜质。正方形，鼻纽。边长1.2、高0.8厘米，重3.9克。扁平体，浅台式，布满深绿锈，鼻纽脚下有零星结晶土锈。玺文为单字"㐰"（信），阳文，反书，风格属楚。《汇编》收入2枚，民间珍稀。

《说文》无此字。徐畅主编的《先秦印风》释为仁，庞朴在《中国文化十一讲》中也释为"仁"，认为许慎《说文解字》中"仁"字"从人从二"、"从尸从二"和"从千从心"的观点都是正确的。又指出郭店竹简中的"仁"字"从身从心"是"从千从心"演变而来，此说可疑。许慎把"从千从心"释为"仁"是错误的，应释为信。《汇编》官玺中很多"□□信玺"的信字都是从千从心，如0234、0237、0238等，可以为证。吴振武《〈古玺文编〉校订》第二八九条指出："从心身声，即信字异体。身、信古音同，战国文字中借身或从身之字为信是很常见的，故信字可以用身作声符。"此说可信。从《汇编》0356"□□信玺"，也证此字释信。

㐰 信。慎守诚信，言行一致。

铜质。圆形，坛纽。直径 1.2、高 1.2 厘米，重 7.5 克。玺体多为灰土锈和灰绿锈覆盖，局部人为清理露红斑。玺文为"中息（信）"二字，阳文，反书，风格属楚。《汇编》收入 2 枚，民间珍稀。

中谓忠。《诗经·小雅·隰桑》："中心藏之，何日忘之。"《尚书·吕刑》："罔中于信。"《诗经·小雅·彤弓》："我有嘉宾，中心喜之。"

中息　忠信。《论语·学而》："主忠信。"慎守忠诚信实的道德要求。

有
息
玺

铜质。圆形，坛纽。直径 1.3、高 1.3 厘米，重 8.6 克。玺体锈迹多为深绿锈，也有少量红斑锈和糨糊状土锈，局部呈铅灰光。玺文为"有息"二字，阳文，正书。"息"字上半部为"身"字简笔，下半部为"心"字简笔。《汇编》无此玺，民间罕见。

有谓充满。《诗经·邶风·谷风》有"不宜有怒"，"中心有违"。《老子》第三十三章："强行者有志。"《诗经·大雅·民劳》："敬慎威仪，以近有德。"

有息　有信，坚守诚信。

铜质。方形，鼻纽，连珠纹纽座。边长 1.6、高 1 厘米，重 8 克。玺体大部分覆盖深绿色锈，无锈处呈铅灰色。鼻纽内侧上部有明显的磨损痕迹，证明此玺为其主人生前佩带之物。玺文为"中身"二字，阳文，反书，风格属三晋。《汇编》收入 4 枚，民间常见。

中身　忠信。

慕平《尚书》（中华经典藏书）译注中，将《尚书·无逸》的"文王受命惟中身"解释为"他即位时虽已到中年"，不妥。"惟"字从心从隹，本意谓思念，将全句释为"文王即位，慎守忠信"比较确切。

010

中身玺

铜质。方形，坛纽。长、宽、高均 1 厘米，重 3.3 克。玺体较扁，坛纽较高，大部分无锈呈黄色，局部附零星绿、红色锈，纽呈黑漆古色。玺文为"中身"二字，阳文，反书，风格属楚。民间常见。

中身　忠信。

铜质。圆形，瓦纽。直径 1、高 0.8 厘米，重 3.3 克。玺体大部呈铅白光，局部有红斑及零星绿锈。玺文为"长身"二字，阳文，反书，风格属三晋。《汇编》收入 3 枚，民间珍稀。

长谓崇尚。《大戴礼记·本命》："男子者，言任天地之道，如长万物之义也，故谓之丈夫。""女子者，言如男子之教，而长其义理者也。"《曾子·内篇》："上长长而民兴弟。"

长身　崇尚诚信。此玺边框外圆内方，并用短线相连，寓意天圆地方，印文居中，寓意天人合一。孟子曰："诚者，天之道也。思诚者，人之道也。"边框艺术与印文内容有机结合，甚妙。

审仁信玺

铜质。长方形，瓦纽。长 1.9、宽 1.3、高 1 厘米，重 11 克。玺体大部分为绿锈覆盖，局部有红斑，露零星铅白光。玺文为"审仁信"三字，"仁信"二字为合文，共用一个单人旁。"审"和"仁信"之间用日字格分开，风格属秦。《汇编》无此玺，民间珍稀。

审谓详察。《大戴礼记·礼察》："为人主计者，莫如安审取舍。"《管子·君臣》："上明下审。"仁谓亲爱。《论语·颜渊》："樊迟问仁。子曰：'爱人'。"《孟子·公孙丑上》："夫仁，天之尊爵也，人之安宅也。"《荀子·天地》："爱人利物谓之仁。"

审仁信　内审自己，时刻保持信之德。《论语·学而》："吾日三省吾身：为人谋而不忠乎？与朋友交而不信乎？传不习乎？"

铜质。长方形，瓦纽。长 2、宽 1.2、高 1 厘米，重 9.1 克。纽内侧成椭方形，比较特别。玺体侧面和上面大部分呈铅白光，局部附绿锈，玺面多为红斑覆盖。玺文为"审事"二字，阴文，反书，风格属秦。《汇编》无此玺，民间珍稀。

审谓详察，事谓治事。《论语·子路》："其事也。"《孟子·尽心上》："存其心，养其性，所以事天也。"

审事　审查自己做事是否合仁义，守诚信。和"审仁信"的含义相近。

014

郘（信）玺

铜质。方形，坛纽。边长 1.3、高 1.4 厘米，重 10.3 克。玺体大部分呈铅灰色，局部附灰绿锈和绿锈，纽边局部有残。玺文为单字"郘（信）"，阳文，反书，风格属三晋。《汇编》收入 6 枚，民间较多。

此字在《汇编》中释躬，可疑。吴振武《〈古玺文编〉校订》第二一四条中指出："如仅从字形上看，释躬（躬）似无问题，但实际上此字应隶定为郘，读作信。"其说可信。《汇编》3129"言郘"和5450"言郘"，均释为"言信"更加确切。

郘　信。慎守诚信。

铜质。圆形，坛纽。直径 1.6、高 1.7 厘米，重 12.7 克。此玺坛面中间饰一道凸弦纹，甚为别致。玺体一部分附土灰锈，一部分附蓝锈，一部分呈铅灰光，字口附红斑。玺文为"中邬（信）"二字，阳文，反书，风格属三晋。《汇编》无此玺，民间常见。

中邬　忠信。慎守忠诚信实之德。

016

成相玺

铜质。方形，鼻纽。长1.3、宽1.2、高1.4厘米，重9克。全身布满浅绿锈，字口较细，附红斑。玺文为"成相"二字，阳文，反书，风格属三晋。《汇编》无此玺，民间罕见。

成，通诚。《诗经·小雅·我行其野》："成不以富。"《诗经·商颂·那》："绥我思成。"相谓相貌特征，《荀子·富国》："金玉其相。"《荀子·非相》："相人，古之人无有也，学者不道也。""故长短，小大，善恶形相，非吉凶也。"

成相 保持诚实的相貌。《论语·泰伯》："君子所贵乎道者三：动容貌，斯远暴慢矣；正颜色，斯近信矣；出辞气，斯远鄙倍矣。"

铜质。方形，坛纽。边长 1.2、高 1.3 厘米，重 6.6 克。玺体朽蚀较重，下层为红斑，上层为绿锈，还有多处裂痕。玺文为"悊终女司"四字，阳文，反书，风格属三晋。《汇编》无此玺，民间罕见。

悊谓慎，《说文·心部》："悊，敬也。从心，折声。"悊在古文中少见，在箴言玺中常见。《礼记·表记》："事君慎始而敬终。"《荀子·礼论》："君子敬始而慎终。"说明敬通慎，悊通慎。终谓终极，《论语·尧曰》："天禄永终。"《荀子·礼论》："死，人之终也。"女通如。郭店楚简《老子》(乙本)："明道女昧。""上德女浴，大白女辱，广德女不足，建德女贞女偷。"司通始，郭店楚简《五行》简一八："□(君)子之为善也，又(有)与司，又(有)与冬(终)也。"《性自命出》："司者近青，终者近义。"

悊终女司 同郭店楚简《老子》(甲本)："临事之纪：悊终女司，此亡败事矣。"传世本《老子》第六十四章释为："民之从事，常于几成而败之。慎终如始，则无败事"。其意为终始如一，善始善终。

可行玺

铜质。方形，坛纽。边长 0.9、高 1.1 厘米，重 5 克。玺体三侧面附灰绿锈，一侧面呈铅灰光，有裂痕。玺文为"可行"二字，阳文，正书，左读，完全失去印拓功能，为掌中珍玩。风格属三晋。《汇编》无此玺，民间罕见。

可谓适宜之意，深许之辞。《论语·学而》："三年无改于父之道，可谓孝矣。"说明"可谓孝"是有前提条件的，那就是"三年无改于父之道"。《孔子家语·子路初见》："言寡可行，其信乎。"说明可行也是有前提条件的，那就是"言寡"。行谓行道。

可行 （真诚守信）可以行道。玺文省略了可行的前提条件即真诚守信。而真诚守信也正是制玺者和佩带者更加关注的言外之意。类似现象在"可以"类箴言玺中习见。关注言外之意，也是箴言玺的魅力所在。

铜质。方形，鼻纽，连珠纹纽座。长 1.5、宽 1.4、高 1 厘米，重 3.9 克。玺体扁平，通体附薄浅绿锈，玺面每边中点向相邻边中点饰弧线，分玺面为四等份，分铸四字。玺面中间还留出菱形空白，极具艺术性。玺文为"可以正下"四字，阳文，反书，风格属秦。《汇编》收入 10 枚，民间常见。

可谓适宜之意，深许之辞。以作语助辞，《说文·己部》："以，用也。从反己。贾侍中说，己意己实也。象形。"《论语·卫灵公》："礼以行之，孙以出之，信以成之。"正通政，治理，安定之意，《管子·禁藏》："发五正"；《礼记·文王世子》："庶子之正于公族者"。下指群臣，指民众。《周易·泰·象》："上下交而其志同也。"《尚书·皋陶谟》："达于上下，敬哉有士！"

可以正下　（真诚守信）可以正群臣，安百姓。《中庸》："唯天下至诚，为能尽其性；能尽其性，则能尽人之性。"说明"可以正下"的前提条件是"唯天下至诚"。

可以正氏玺

铜质。方形，鼻纽，连珠纹纽座。长 1.5、宽 1.4、高 0.8 厘米，重 7.3
克。玺体扁平，大部分附结晶状翠绿锈，间有零星蓝锈，局部呈铅灰色。
玺面每边中点向相邻边中点饰弧线，分玺面为四等份，分铸四字。玺
面中间还留出菱形空白，极具艺术性。玺文为"可以正氏"四字，阳
文，正书，风格属秦。《汇编》收入 2 枚，民间珍稀。

氏谓氏族，百姓。《说文·氏部》段玉裁注："姓者统于上者也，氏者
别于下者也。"《国语·周语·祭公谏穆王征犬戎》："犬戎氏以其职来
王。"《吕氏春秋》书名亦可为证。

可以正氏 （真诚守信）可以安定百姓。

铜质。方形，鼻纽，连珠纹纽座。长 1.5、宽 1.4、高 0.9 厘米，重 8 克。玺体大部附红斑锈，只在鼻纽和一侧边上附零星绿锈。玺面每边中点向另一边中点饰弧线，分玺面为四等份，分铸四字。玺面中间留出菱形空白，极具艺术性。玺文为"可以正勿"四字，阳文，正书，风格属秦。《汇编》无此玺，民间罕见。

勿通物。郭店楚简本《老子》甲简一二："是古（故）圣人能尃（辅）万勿之自然。"又简一三："而万勿将自化。"物谓万物。《说文·牛部》："物，万物也。牛为大物，天地之数起于牵牛，故从牛，勿声。"

可以正勿　（真诚守信）可以顺应自然，善待万物，成就万物。《中庸》第二十五章："诚者，物之终始，不诚无物。""诚者，非自成己而已也，所以成物也。"

贰

养性篇

关于人性问题，
道家主张人的性情合于天道，
清静无为；
儒家主张人的性情中精外诚，
爱人利物。
孔子指出：
"食，色，性也。"
"性相近也，习相远也。"
说明随着年龄的增长，
由于所受教育不同，
习性也相差甚远，
所以有的人性向善，
有的人性向恶。
孟子的性善论和荀子的性恶论
都和孔子论述相去甚远，　──
也不符合社会实际。
但都主张通过教育和
礼仪之道讲诚信，
修仁德，心向善。

铜质。方形，坛纽。边长 1.3、高 1 厘米，重 6.5 克。玺体布满灰土锈，有少许绿锈，局部显铅灰色。玺文为单字"忠"，阳文，反书，风格属楚。《汇编》无此玺，民间珍稀。

忠谓尽心。《论语·述而》："子以四教：文，行，忠，信。"《论语·八佾》："君使臣以礼，臣事君以忠。"《论语·季氏》："言思忠。"

忠　全心全意，待人以忠，儒家倡导的美德。

忠仁玺

铜质。方形，鼻纽。边长 1.1、高 1 厘米，重 4.7 克。玺体大部分附红斑，局部有少量绿锈，玺面边框高于玺文。玺文为"忠仁"二字，阳文，反书，风格属秦。《汇编》收入 2 枚，民间常见。

忠谓尽心，仁谓亲爱。

忠仁 忠于仁爱之心，坚持爱人利物。《论语》、《孟子》等儒家经典中多处论述仁，是以孔子为代表的儒家思想的核心。

铜质。长方形，鼻纽。长 2、宽 0.9、高 1.7 厘米，重 15 克。玺体高挺厚重，锈色斑斓，有墨绿锈、翠绿锈、红斑锈，还有厚厚的赭色铁锈。玺文为"交仁"二字，阴文，正书，风格属秦。《汇编》无此玺，民间珍稀。

交谓互相往来。《说文·交部》："交，交胫也。从大，象交形。"《孟子·尽心下》："君子之厄于陈、蔡之间，无上下之交也。"《墨子·兼爱》："以兼相爱，交相利之法易之。"

交仁　互相关心，互相爱护。

025

仁士中心玺

铜质。方形，瓦纽。边长 1、高 0.8 厘米，重 2.3 克。玺体多为绿锈，少数红斑。玺面边框高于玺文，玺文为"仁士中心"四字，阳文，反书，风格属秦。《汇编》无此玺，民间珍稀。

士谓底层官员。《礼记·王制》："诸侯之上大夫卿，下大夫，上士，中士，下士，凡五等。"《白虎通疏证·五祀》："士者位卑禄薄。"士也指知识分子阶层。《诗经·周颂·清庙》："济济多士，秉文之德。"《论语·子路》："行己有耻，使于四方，不辱君命，可谓士矣。"《论语·里仁》："士志于道。"中谓忠，心谓性情。《孟子·公孙丑上》："恻隐之心，仁之端也；羞恶之心，义之端也；辞让之心，礼之端也；是非之心，智之端也。人之有四端也，犹其有四体也。"

仁士中心　仁人志士，忠于仁义礼智之心。

铜质。长方形，瓦纽。长 1.7、宽 1.4、高 0.8 厘米，重 4.5 克。玺体扁平，大部分呈铅灰光，局部附很薄的红斑锈，玺面边框高于玺文，玺文为单字"兼"，阴文，反书，风格属秦。《汇编》无此玺，民间珍稀。

兼 宽容的胸怀。《荀子·非相》："君子贤而能容罢，知而能容愚，博而能容浅，粹而能容杂，夫是之谓兼术。"《墨子·兼爱中》："欲天下之治，而恶其乱，当兼相爱，交相利。"《史记·廉颇蔺相如列传》："相如一奋其气，威信敌国，退而让颇，名重太山，其处智勇，可谓兼之矣。"

027　善玺

铜质。方形，坛纽。长、宽、高均 1 厘米，重 3.5 克。玺体布满薄灰绿锈，零星附有结晶土锈，边角处无锈呈铅灰光。玺文为单字"善"，阴文，正书，风格属秦。《汇编》收入 2 枚，民间珍稀。

善　仁爱。《孟子·告子上》："人性之善也，犹水之就下也。"《方言》卷一："故相亲爱谓之知，亦谓之善。"《孟子·告子上》："穷则独善其身，达则兼善天下。"《荀子·劝学》："积善成德，而神明自得，圣心备焉。"

铜质。方形，坛纽。边长 1、高 1.3 厘米，重 4 克。玺体中空，充塞泥芯。造型方正，打磨精细，大部分呈黑漆古色，局部附红斑。玺文为"中善"二字，阳文，反书，风格属楚。《汇编》无此玺，民间珍稀。

中善　忠仁。

029

铜质。方形，鼻纽。边长 0.8、高 1 厘米，重 3.6 克。玺体大部分呈铅白光，少部分附绿锈，一处有粉状锈，已处理。玺文为"长善"二字，阳文，反书，风格属楚。《汇编》无此玺，民间珍稀。

长谓崇尚，善谓仁爱。

长善　崇尚仁爱。

铜质。方形，鼻纽。边长 0.9、高 0.7 厘米，重 2.1 克。玺体大部附绿锈，一侧除锈后露暗红锈，鼻纽一侧有一道裂痕。玺文为"善行"二字，阴文，正书，书法精良，风格属秦。《汇编》无此玺，民间珍稀。

善谓仁爱，行谓行道。

善行　坚持爱人利物的社会实践。《老子》第二十七章："善行，无辙迹；善言，无瑕谪；善数，不用筹策。"

031 善寿玺

铜质。方形，坛纽。边长 1.2、高 1 厘米，重 5 克。玺体侧面多附红斑，坛面多附翠绿锈，纽呈铅灰光，纽内侧顶部有磨损变细的使用痕迹。玺文为"善寿"二字，阳文，反书，风格属三晋。《汇编》收入 10 枚，民间常见。

叶其峰《战国成语玺析义》将"善寿"解释为"福寿"，不妥。

善寿 积善者寿。善谓爱人利物，寿谓年久。《荀子·修身》："扁善之度，以治气养生则后彭祖。"《大学》第十一章："《康浩》曰：'惟命不于常'。道善则得之，不善则失之矣。"《中庸》第十七章："大德必得其位，必得其禄，必得其名，必得其寿。"

铜质。方形，鼻纽。边长 1.4、高 0.8 厘米，重 5.9 克。出土于河北定县北河滩。玺体较扁，纽座呈斜坡式隆起，并饰云雷纹，满身附灰土锈，除去灰土后有零星红斑绿锈，玺面布田字格，玺文为"昌内大吉"四字，阳文，正书，风格属燕。《汇编》无此玺，民间罕见。

昌本指美好，光明，引申为盛德。《诗经·齐风·还》："子之昌兮。"《大戴礼记·虞戴德》："地事曰昌。"内谓内心，《周易·坤》："君子敬以直内，义以方外，敬义立而德不孤。"《礼记·礼器》："无节于内者，观物弗之察矣。"《大戴礼记·曾子事父母》："是故君子内外养之也。"大吉谓平安吉祥。

昌内大吉　保持内心清明，养成美好道德，就会平安吉祥。

庆玺

铜质。圆形，鼻纽。直径 1.1、高 1.6 厘米，重 8.6 克。玺体镀铬，大部分呈白光，少部分附灰绿锈，玺体上部饰两道凸弦纹，一道凹弦纹，鼻纽做成双弦纹，十分别致。玺文为"庆"，阴文，反书，风格属秦。《汇编》无此玺，民间罕见。

庆　本指行贺人，引申为道德高尚之人的善行，尤指圣人的善政。《尚书·吕刑》："一人有庆，兆民赖之，其宁惟永。"《尚书·秦誓》："邦之荣怀，亦尚一人之庆。"《说文·心部》："庆，行贺人也。从心，从夊，吉礼以鹿皮为贽，故从鹿省。"

铜质。长方形，坛纽。长 1.5、宽 0.8、高 1.3 厘米，重 6.6 克。玺体镀铬，呈白光，坛成三台式，鼻饰三棱面，附灰绿锈。玺文为"喜"，阴文，正书，风格属秦。《汇编》无此玺，民间罕见。

喜　愉悦的心情。《诗经·小雅·彤弓》："中心喜之。"《诗经·小雅·菁菁者我》："我心则喜。"《说文·喜部》："喜，乐也。从壴，从口。歖，古文喜从欠，与欢同。"

人皆有喜悦的源泉。《庄子·缮性》："中纯实而反乎情，乐也。"《孟子·尽心上》："万物皆备于我矣。反身而诚，乐莫大焉。"《管子·内业》："见利不诱，见害不惧，宽舒而仁，独乐其身，是谓云气，意行似天。凡人之生也，必以其欢。"

憙玺

铜质。半球形，穿带纽。直径 0.9、高 0.7 厘米，重 1.8 克。玺体附灰锈，局部盖零星蓝锈。玺文为单字"憙"，阴文，反书，风格属秦。《汇编》无此玺，民间罕见。

《说文·喜部》："憙，说也。从心，从喜，喜亦声。"

憙　喜悦的心情。

铜质。方形，坛纽。边长 1、高 0.9 厘米，重 2.6 克。玺体三面附灰锈，一面附绿锈，纽附蓝黑锈。玺文为"意（读億）"，阴文，反书，风格属秦。《汇编》无此玺，民间罕见。

《说文·心部》："意，满也。一曰十万曰意。"《方言》卷十三钱绎笺疏："臆、膺、憶、億、意，五字并通。"《左传》昭公二十一年："故和声入于耳而藏于心，心億则乐。"

意　似为安静愉悦、心满意足的心态。

啓意玺

铜质。方形，坛纽。边长 1.5、高 0.9 厘米，重 7.6 克。玺体扁平，坛成三台式，纽呈瓦形，附有绿锈、灰土锈，露铜处呈黑漆古色。玺文为"啓意"二字，阴文，反书，风格属秦。《汇编》无此玺，民间罕见。

啓谓教化。《说文·攴部》："啓，教也。从攴，启声。论语曰：不愤不啓。"《左传》襄公二十五年："天诱其衷，啓敝邑心。"意谓心志。《说文·心部》："意，志也。从心察言而知意也。"《荀子·天论》："志意修。"《大学》第七章："富润屋，德润身，心广体胖，故君子诚其意。"

啓意 修养心性。

铜质。方形，瓦纽。边长 2.1、高 1.1 厘米，重 16 克。玺体厚重大方，顶部置很矮的单层台面，多附绿锈，偶见红斑，玺面饰日字格，多附红斑。玺文为"启喜"二字，阴文，反书，风格属秦。《汇编》无此玺，民间罕见。

启谓教化，喜谓愉悦的心情。《荀子·解蔽》："仁者之思也恭，圣人之思也乐。此治心之道也"。

启喜 启发并保持快乐的心情。《荀子·乐论》："故人不能无乐。"快乐是心理及身体健康的基础。从本书 034 号释文可知，要启发并保持静心乐，公心乐，道心乐。

安乐慎事玺

铜质。方形，鼻纽。长 1.9、宽 1.8、残高 0.8 厘米，重 15.2 克。玺体附泛蓝绿锈，玺面附灰土锈。纽残，从断口锈色看，属出土前所致。玺文为"安乐慎事"四字，阴文，反书，风格属秦。《汇编》无此玺，民间罕见。

安谓心情宁静。《说文·宀部》："安，静也。从女在宀中。"《周易·坤·象》："安贞之吉，应地无疆。"《曾子·养老》："安可能也，久为难。"乐为心情愉悦。《荀子·乐论》："人不能无乐"。"君子乐得其道，小人乐得其欲。"安乐谓宁静愉悦的心情。

慎谓谨慎。《礼记·表记》："君子慎以避祸。""事君慎始而敬终。"《荀子·劝学》："言有召祸也，行有招辱也，君子慎其所立乎！"事谓职事。慎事谓谨慎行事。《吕氏春秋·仲夏纪·适音》："乐之务在于和心，和心在于行适。"可见安乐和慎事之间存在着因果关系，慎事是内心安静平和的基础，而安静平和又是快乐的前提。

安乐慎事 既要启发安静喜悦的心情，又要保持恭敬谨慎的处事态度。"此治心之道也。"

铜质。方形，亭形，鼻纽，双圈连珠纹纽座。边长 2、高 1.2 厘米，重 10.6 克。玺体中空，通体覆薄红斑蓝锈和灰绿锈。玺文为"喜事"二字，阴文，反书，风格属秦。《汇编》无此玺，民间珍稀。

喜谓愉悦的心情，事谓职事。《尚书·文侯之命》："即我御事，"《尚书·酒诰》："有正，有事，无彝酒。"

喜事 心安愉悦地做事（就能成功）。

《中庸》："凡事豫则立，不豫则废。言前定则不跲，事前定则不困，行前定则不疚，道前定则不穷。"其中"豫"释内心喜悦，"定"释内心安定，符合中庸之道。只有内心安定愉悦，才能行为中庸。如果把"豫"和"定"释为"预备"，既不符合中庸之道，也不符合社会实践。

上玺

铜质。方形，坛纽。边长 1.3、高 1.2 厘米，重 5.7 克。玺体较高，坛纽较低，大部分附结晶白锈和灰绿锈，局部露铜呈铅灰光。玺面饰双边框，每边中间用短线相连。玺文为"上"，阳文，反书，风格属三晋。《汇编》无此玺，民间珍稀。

上谓崇尚，高尚。《老子》第八章："上善若水。"《论语·阳货》："君子义以为上。"《吕氏春秋·长见》有"尊贤上功"，"亲亲上恩"。

上　作为玺文，提倡人们要有高尚情操。

铜质。方形，坛纽。边长 0.8、高 1 厘米，重 2.9 克。玺体大部分呈黑漆古色，局部为铅白光，零星分布红斑。玺文为"尚"，阳文，正书，风格属三晋。《汇编》收入 18 枚，民间常见。

尚谓崇尚，高尚。《周易·泰》："朋亡，得尚于中行。"《孟子·万章下》："以友天下之善士为未足，又尚论古之人。"《吕氏春秋·用众》："不丑不能，不恶不知，尚矣。"《孟子·尽心上》："尚志。"《墨子·尚贤上》："夫尚贤者，政之本也。"

尚　作为玺文，提倡人们要有高尚情操。

百
尚
玺

043

铜质。长方形，鼻纽。长 2.1、宽 1.4、高 1.3 厘米，重 16.3 克。玺体厚重古朴，布满一层薄绿色结晶锈，局部可见铅白光，纽内侧顶部有磨损变细的使用痕迹。玺文为"百尚"二字，阴文，正书，风格属秦。《汇编》无此玺，民间罕见。

百谓众多，《庄子·秋水》："闻道百，以为莫己若者。"《管子·七法》："百匿伤上威。"尚谓高尚。

百尚 十分高尚。作为玺文，强调人们要有高尚情操。

铜质。方形，鼻纽，纽座微隆起。边长1.5、高1.1厘米，重7.8克。玺体较扁，满身附墨绿锈，玺文为"高"，阴文，正书，风格属秦。《汇编》无此玺，民间罕见。

高谓高尚。《中庸》："天地之道，博也，厚也，高也，明也，悠也，久也。"《子思子·任贤》："夫清高之节，不以私自累，不以利烦意，择天下之至道，行天下之正路。"

高谓尊敬。《广雅·释诂》："高，敬也。"《吕氏春秋·离俗》："虽死，天下愈高之。"

高　既守清高之节，又持敬慎之德。

中玺

铜质。圆形，鼻纽。直径 1.1、高 1 厘米，重 4.6 克。玺体呈铅灰光，附少量土锈，并有零星红斑。玺文为"中"，阳文，反书，风格属楚。《汇编》收入 2 枚，民间珍稀。

中谓中和之心。《中庸》第一章："喜怒哀乐之未发，谓之中……中也者，天下之大本也。"《荀子·天论》："心居中虚以治五官，夫是之谓天君。"

中谓中庸之道。《中庸》第二十章："从容中道，圣人也。"《孟子·离娄下》："中也养不中。"

中谓忠诚之德。《诗经·小雅·彤弓》："中心喜之。"《史记·礼书》："君子上致其隆，下尽其杀，而中处其中。"

铜质。圆形，鼻纽。直径 1.1、高 1 厘米，重 4.8 克。玺身满附灰绿锈、灰土锈，偶见暗红斑。玺文为"正"，阳文，反书，风格属秦。《汇编》收入 3 枚，民间珍稀。

正谓朝中官员。《尚书·酒诰》："有正、有事，无彝酒。"《诗经·小雅·节南山》："不惩其心，覆怨其正。"

正谓自然天道。《老子》第五十七章："以正治国。"《曾子·养老》："君子之孝也，以正致谏。"

正谓修身养性。《荀子·非十二子》："率道而行，端然正己。"《论语·颜渊》："政者，正也。子帅以正，孰敢不正？"

中正玺

铜质。圆形，坛纽。径 1.3、高 0.8 厘米，重 4.7 克。玺体较扁，腐蚀较轻，局部附很薄的绿锈，大部分可见隐约的黄铜色。玺文为"中正"二字，阳文，反书，风格属三晋。《汇编》收入 2 枚，民间珍稀。

中正　公平正直，中庸之道。《周易·乾卦·文言》："刚健中正，纯粹精也。"《中庸》第三十一章："齐庄中正，足以有敬也。"《荀子·劝学》："君子居必择乡，游必就士，所以防邪避而近中正也。"

铜质。带钩形，带钩纽。玺径 1.6、钩长 16.5 厘米，重 74.2 克。钩头钩尾均饰兽首，钩身素面，大部分附深绿锈，少部分为红斑。钩体中部有断痕。玺文为"道"，阴文，反书，风格属秦。《汇编》无此玺，民间罕见。

道 本指道路，引申为道理，至知，天道。《老子》第二十五章："人法地，地法天，天法道，道法自然。"《论语·述而》："志于道。"《孟子·尽心下》："仁也者，人也。合而言之，道也。"《黄帝内经·素问·气交变大论》："道者，上知天文，下知地理，中知人事，可以长久。"

049

毋方玺

绿松石质。籽料随形，顶部双面对钻成鼻纽，底部磨平形成玺面。长1.2、宽1、高1.5厘米，重3.3克。玺面和一个侧面看出籽料质地致密细腻，色彩鲜艳，光泽内润，纽部和另一个侧面附铁锈，且锈入玺体，除锈后呈铁锈红色。玺文为"毋方"二字，阴文，反书，风格属秦。《汇编》无此玺，民间罕见。

毋谓无。《墨子·明鬼下》："死人毋知亦已。"《礼记·月令》："庆赐遂行，毋有不当。"方谓观念，方法。《周易·系辞上》："方以类聚，物以群分，吉凶生矣。""范围天地之化而不过，曲成万物而不遗，通乎昼夜之道而知，故神无方而《易》无体。"

毋方　不拘一格，道法自然，随机应变。

此玺材质取自自然，造型顺其自然，主旨道法自然，可谓妙趣天成。

铜质。圆形，鼻纽，台式纽座。直径1.2、高1.2厘米，重6.6克。玺体端庄大方，制作精细，满身附结晶状绿锈，十分秀美。玺文为"古"，阳文，反书，风格属三晋。《汇编》无此玺，民间罕见。

古谓故训。《老子》第十四章："执古之道，以御今之有。能知古始，是谓道纪。"《礼记·祭义》："教民反古复始，不忘其所由生也。"《说文·古部》："古，故也。从十，口。识前言者也。"

古　故训。提示人们追根求源，尊重传统文化。

壹志玺

铜质。长方形，鼻纽。长 2、宽 1.2、高 1 厘米，重 7.2 克。满身灰土锈，偶见零星红斑。玺文为"壹志"二字，阴文，反书，文字刚劲有力，风格属秦。《汇编》无此玺，民间罕见。

壹谓专一。《孟子·公孙丑上》："志壹则动气，气壹则动志也。"《助字辩略》卷五："壹，专一，犹言诚也，实也。诚非虚假，故训为决定之辞也。"志谓心意。《黄帝内经·本神》："意之所存谓之志，因志而存变谓之思。"

壹志　专心致志。

铜质。方形，瓦纽。长1.1、宽1、高0.9厘米，重3.6克。玺体附薄绿锈，灰土锈，零星红斑，局部泛黄铜光，纽和边角处均有裂痕。玺面边框高于玺文。玺文为"忠心喜治"四字，阳文，反书，风格属秦。《汇编》无此玺，民间罕见。

忠心 儒道两家有不同主张，儒家主张忠于仁义礼智之心。《论语·里仁》："苟志于仁矣，无恶也。"《孟子·告子上》："仁义礼智，非由外铄我也，我固有之也"。道家主张保持清静无为之心。《老子》第十六章："致虚极，守静笃"。《老子》第十九章："见素抱朴，少私寡欲，绝学无忧。"

喜谓崇尚。《周易·蹇》："内喜之也。"《史记·滑稽列传》："齐威王之时喜隐。"治谓正道。《荀子·解蔽》："是以与治走而是己不辍也。"《曾子·仲尼闲居》："居家理，故治可移于官。"

喜治 崇尚正道。

忠心喜治 忠爱心灵，崇尚正道。

中
壹
玺

铜质。长方形，瓦纽。长 1.9、宽 1.2、高 0.8 厘米，重 7.4 克。玺体零散分布红斑绿锈，微露黄铜光。玺文为"中壹"二字，阴文，反书，风格属秦。《汇编》无此玺，民间珍稀。

中谓忠，壹通一。《礼记·中庸》："壹戎衣而有天下。"一谓道。《老子》第四十二章："道生一，一生二，二生三，三生万物。"《老子》第二十二章："圣人抱一为天下式。"《说文·一部》："一，唯初太始，道立于一，造分天地，化成万物。"

中壹　忠于道。

铜质。方形，坛纽。长、宽、高均 1 厘米，重 3.3 克。玺体方正，加工精细，局部附较厚的红斑绿锈，露铜处呈铅白光。从瓦纽下方可见玺体中空置范土，腐蚀较重，玺体多处裂痕。玺文为"安宗"二字，阳文，反书，风格属三晋。《汇编》无此玺，民间罕见。

安谓意向。《论语·为政》："察其所安。"《孟子·公孙丑上》："敢问所安。"宗谓道。《老子》第七十章："言有宗，事有君。"《孝经》："开宗明义章。"

安宗　安于道。

精
玺

铜质。方形，坛纽。边长 1.5、高 1.1 厘米，重 9.2 克。玺体深绿锈，红斑锈和灰土锈相间生成，露铜处显铅灰色。玺文为"精"，阳文，反书，风格属秦。《汇编》无此玺，民间罕见。

精谓内心安静。《周易·乾卦·文言》："刚健中正，纯粹精也。"《管子·内业》："精也者，气之精者也。"精谓内心清明。《管子·心术下》："中不精者心不治。"精谓内心真诚。《管子·水地》："视之黑而白，精也。""瑕适皆见，精也。"

精 内心安静，清明，真诚。人们追求的最佳心理状态。

铜质。方形，坛纽。长、宽、高均1厘米，重3.8克。玺体扁平，坛纽较高，大部分呈铅灰光，少部分附灰绿锈，一角有红斑。玺文为"中青"二字，阳文，正书，右读，风格属三晋。《汇编》收入10枚，民间常见。

《汇编》将此类玺文读作"青中"，吴振武《〈古玺文编〉校订》第107条将此类玺文释作"精忠"，皆不妥。东周箴言玺文字正书现象习见，《汇编》4634～4636"上士"，4637"上行"，4642"中身"等皆可为证。此玺正书右读，"中青"显而易见。

中谓内心。《大戴礼记·小辨》："忠满于中而发于外。"《孟子·万章上》："不得于君则热中。"《史记·乐书》："情动于中，故形于声。"青通清，谓清静。郭店楚简《老子》（甲本）："我好青而民自正。"《经籍纂诂》上册："青州东方少阳其色青，其气清。岁之首事之始，故以青为名。"

中青 保持内心清静。此为存心养性之道。

中清玺

铜质。方形，坛纽。边长 1.7、高 1.1 厘米，重 15.1 克。玺体高大，附绿锈和灰土锈，多处有裂痕。玺文为"中清"二字，阳文，正书，左读，"中"字缺笔布白，疏密得当，和印文内容相呼应，艺术性极强。风格属三晋。《汇编》无此玺，民间罕见。

中谓内心，清谓清静。《礼记·孔子闲居》："清明在躬，气志如神。"《论语·微子》："身中清。"《庄子·在宥》："必静必清，无劳女形，无摇女精，乃可以长生。"《荀子·天论》："心居中虚以治五官，夫是之谓天君。""圣人清其天君。"

中清 保持心中清静，纯洁，明亮。和"中青"含意相近，皆为存心养性之道。

铜质。方形，坛纽。边长 1.6、高 1.4 厘米，重 8.1 克。玺体扁平，大部分隐现铅白光，局部附小片红斑和淡绿锈。玺文为"青明"二字，阳文，反书，风格属三晋。《汇编》收入 1 枚（3074，列入姓名玺，不妥），民间罕见。

青谓清静，明谓知道。《老子》第十六章："致虚极，守静笃。""复命曰常，知常曰明。"《荀子·解蔽》："不以梦剧乱知谓之静。""虚壹而静，谓之大清明。"

青明 保持内心清静，明察道理，即现代人所说"道生于静"。和"中青"、"中清"玺含意相近，皆为存心养性之道。

定
玺

铜质。方形，鼻纽，高台纽座。边长 1.3、高 1 厘米，重 8.3 克。满身附土锈和绿锈，除锈后玺体呈铁锈红色。玺文为"定"，阴文，反书，风格属秦。《汇编》无此玺，民间罕见。

定　定心。《大学》第一章："知止而后有定，定而后能静，静而后能安，安而后能虑，虑而后能得。"《管子·内业》："心能执静，道将自定。""定心在中，耳目聪明，四枝坚固，可以为精舍。"这是儒家的存心养性之学，也是儒家倡导的高远沉静的人格境界。

铜质。方形,坛纽。边长 1、高 1.2 厘米,重 4 克。玺体附较厚的灰绿锈,可见零星红斑。玺文为"富",阳文,正书,风格属三晋。《汇编》收入 3 枚,民间珍稀。

富　儒道两家强调的都是道德修养。《老子》:"圣人为腹不为目。""知足者富。"《孔子家语·儒行解第五》:"儒有不宝金玉而忠信以为宝,不祈土地而仁义以为土地,不求多积而多文以为富。"《庄子·天地》:"有万不同之谓富。"即使在物质丰富的情况下,更要注意道德修养。《周易·小畜》:"九五,有孚挛如,富以其邻。"《论语·学而》:"未若贫而乐,富而好礼者也。"《尚书·吕刑》:"典狱,非讫于威,惟讫于富。"

富心玺

铜质。方形,坛纽。边长 0.9、高 1.1 厘米,重 3.5 克。玺体满身呈铅灰光,只有两处绿锈,坛部还有一道裂痕。玺文为"富心"二字,阳文,反书,风格属三晋。《汇编》无此玺,民间罕见。

富谓有道德,心谓神明之主。

富心 忠信仁义之心,清静明道之心。《管子·内业》:"心静气理,道乃可止。"当今之人,有的遵古训,"义以生利,利以丰民","富以其邻","富而好礼","积善成德"。这是高尚的道德情操,称为富心。有的赶时髦,贪污受贿,投机敛财,富以纵欲,挥霍无度,积恶成疾。这是低劣的丑恶心态,称为贪心,亦谓弱志。

铜质。方形，坛纽。边长 1、高 1.2 厘米，重 3.9 克。玺体呈铅白光，坛纽部附少量绿锈，边角处有两点红斑。玺文为"正行"二字，阳文，反书，风格属三晋。《汇编》收入 10 枚，民间较多。

正谓修身养性，行谓行道。

正行　端然正己，率道而行。

正行玺

铜质。心形，鼻纽。长1、宽0.9、高1.1厘米，重4克。玺体满身呈黑漆古色，侧面有三处绿锈，玺面边框略残，不失其美。此玺造型为心形，玺文居中，云气纹从下升起，意为心意正，行为端，极具艺术性。玺文为"正行"二字，阳文，反书，风格属三晋。此形制罕见。

铜质。方形，瓦纽。边长 1、高 0.7 厘米，重 3.5 克。玺体附一层灰绿锈，零散分布大小不等的红斑，玺面边框高于玺文。玺文为"正行治士"四字，阳文，反书，风格属秦。《汇编》收入 1 枚，民间较多。

治谓治理。《礼记·燕义》："掌其戒令，与其教治。"《荀子·天论》："心居中虚以治五官，夫是之谓天君。"士谓自身。

正行治士　率道而行，修养自身。

正行亡曲玺

铜质。长方形，坛纽。长 1.1、宽 1、高 1.2 厘米，重 4.3 克。玺体大部呈铅白光，局部有绿锈，顶部有红斑，玺体一角有裂痕。玺文为"正行亡曲"四字，阳文，反书，风格属秦。《汇编》收入 27 枚，民间较多。

正行谓率道而行。

亡谓无。《诗经·唐风·葛生》："予美亡此。"《庄子·则阳》："若存若亡乎？"《孟子·梁惠王下》："乐酒无厌谓之亡。"《大戴礼记·劝学》："殆教亡身，祸灾乃作。"曲谓偏见。《荀子·解蔽》："凡人之患，蔽于一曲而暗于大理。"

"曲知之人。"

正行亡曲 率道而行，消除偏见，远离邪僻。

铜质。圆形，鼻纽，圆纽座。直径1.1、高0.9厘米，重4.4克。玺体较厚，满身附灰黑色锈。玺文为"正行亡曲"四字，阳文，反书，风格属秦。玺文布局精妙，正行是主旨，占据玺面大半空间。正字的最后一笔和行字的第一笔相配合，在玺面中心留出圆形空白，和圆形边框相呼应，显示玺文疏密有致，艺术性极强。"正行亡曲"玺的方形玺较多，圆形玺罕见。

正
行
亡
曲
玺

066

正行亡厶玺

铜质。方形，坛纽。边长 1.4、高 1.2 厘米，重 9 克。玺体布满灰绿锈和结晶绿锈，纽内侧顶部有磨损变薄的使用痕迹。玺文为"正行亡厶"四字，阳文，反书，风格属秦。《汇编》收入 30 枚，民间较多。

正行谓行道，亡谓无，厶通私，谓私情私欲。《郭店楚简（老子甲本）》："少厶寡欲。"《说文·厶部》："韩非曰：苍颉作字，自营为厶。"段玉裁注："公私字本如此。今字私行而厶废矣。"

正行亡私 行正道，弃私欲。《韩非子·饰邪》："修身洁白而行公正，居官无私，人臣之公义也。"

铜质。方形，鼻纽。边长 1.9、高 1 厘米，重 12.5 克。玺体布满灰绿锈，侧面有小块红斑，玺面一角有破损。玺文为"忠仁思士"四字，阴文，反书，风格属秦。《汇编》收入 1 枚，民间较多。

忠仁谓忠于仁德。思谓思念。《黄帝内经·本神》："因志而存变谓之思。"《周易·临·象》："君子以教思无穷。"《荀子·解蔽》："仁者之思也恭，圣人之思也乐。"士谓德才兼备之人。《论语·子路》："行已有耻，使于四方，不辱君命，可谓士矣。"《诗经·周颂·清庙》："济济多士，秉文之德。"《孟子·尽心上》："士穷不失义，达不离道。"

忠仁思士　修仁德，交贤才。

忠仁思士玺

铜质。方形，瓦纽。边长1.6、高1.1厘米，重9.5克。玺体大部呈铅灰光，局部附结晶绿锈和结晶白锈。玺文为"忠仁思士"四字，阳文，正书，风格属秦。阳文正书者珍稀。

铜质。方形，瓦纽。边长 2、高 1.1 厘米，重 14.4 克。玺体满身附翠绿色结晶锈，几无土锈，十分美观。玺文为"云子思士"四字，阴文，反书，风格属秦。《汇编》收入 2 枚，民间常见。

求士玺

铜质。长方形，瓦纽，台式纽座。长 2.2、宽 1.2、高 1.3 厘米，重 13.7 克。玺体高大，满身附灰黑色锈，行内称此为陕西渭南出土特征。玺文为"求士"二字，阴文，反书，风格属秦。《汇编》无此玺，民间罕见。

求谓招徕。《礼记·学记》："求善良。"《后汉书·周举传》："昔在前世，求贤如渴。"士谓贤才。《史记·李斯列传》："昔缪公求士。"

求士 招徕贤才。齐桓公破格用管仲，晋文公始终用赵衰，楚庄王慧眼用孙叔敖，秦穆公招贤得五子（由余、百里奚、蹇叔、丕豹、公孙支），成就了霸业，为战国君主"礼贤下士"树立了榜样，为志士仁人展现才华开辟广阔天地。

铜质。长方形，瓦纽。长 1.7、宽 1.3、高 0.8 厘米，重 6.1 克。玺体附很薄一层灰绿锈，隐约可见黄铜光。玺文为"百赏"二字，阴文，反书，风格属秦。《汇编》无此玺，民间常见。

百谓多。赏谓奖赏。《韩非子·显学》："夫有功者必赏，则爵禄厚而愈劝。"《墨子·尚贤上》："故当是时，以德就列，以官服事，以劳殿赏，量功而分禄。"

百赏　尚贤，注重奖赏重用有功有德之人。

百尝玺

铜质。长方形，瓦纽。长 2.1、宽 1、高 1.1 厘米，重 9.7 克。玺体镀铬，大部分呈银白光，局部附红斑，并有小片蓝锈，品相很美。玺文为"百尝"二字，阴文，正书，风格属秦。《汇编》无此玺，民间珍稀。

百谓多，尝谓品尝。《孔子家语·五帝德》第二十三章："播时百谷，尝味草木，仁厚及于鸟兽昆虫。"《大戴礼记·曾子大孝》："故烹熟鲜香，尝而进之，非孝也，养也。"《说文。旨部》："尝，口味之也。从旨，尚声。"

百尝　尝草木，知五味，济众生。

铜质。方形，坛纽。边长 1、高 1.2 厘米，重 4 克。玺体大部分附绿锈，少部分为灰土锈，一侧面有一道竖裂痕。玺文为"右"，阳文，反书，风格属秦。《汇编》无此玺，民间珍稀。

右谓谦卑之位。《老子》第三十一章："君子居则贵左，用兵则贵右。""吉事尚左，凶事尚右。"

右谓辅助，可谓地道，臣道，妇道。《礼记·表记》："仁者右也，道者左也。"《管子·宙合》："'左操五音，右执五味'，此言君臣之分也。君出令佚，故立于左；臣任力劳，故立于右。"《说文·又部》："右，手口相助也。从又，从口。"

右　既处谦卑之位，又含相助之德。

075

君
子
之
右
玺

铅质。方形，蛙形纽。边长1.4、高0.5厘米，重2.4克。体薄，通体为铅灰光，偶见铜绿锈，印面上边有裂痕，中间有穿孔。玺文为"君子之右"四字，阳文，反书，风格属楚。《汇编》收入2枚，民间常见，蛙纽罕见。

君子谓有德行的人。《说文·口部》："君，尊也。从尹；发号，故从口。"《论语·公冶长》："有君子之道四焉。"《论语·雍也》："文质彬彬，然后君子。"之谓其。《诗经·鄘风·君子偕老》："邦之媛也。"《荀子·王制》："王者之事毕矣。"右谓谦卑之位，相助之德。

君子之右　既处君子下位，又含相助之德。这是儒道两家共同提倡的中华美德。

98

铜质。圆形，鼻纽。直径 1.6、高 0.8 厘米，重 3.7 克。玺体扁平，附纯蓝锈，灰绿锈，还有小片红斑，露铜处呈铅灰光，纽成方形，内侧顶部有明显的磨损变细的使用痕迹。玺面饰双边框，玺文为"中"，阳文，正书，风格难断。《汇编》无此玺，民间罕见。

古人观象知物理而识人之性。《说文·中部》："中，屮木初生也。象丨出形，有枝茎也。古文或以为屮字。"草从土中出曰生，知其生机盎然，生生不息之理。唐代诗人白居易的"离离原上草，一岁一枯荣。野火烧不尽，春风吹又生"，正是此意。

中　道法自然，提示人们赏其貌，悟其性，不断进取。

木
玺

铜质。方形，坛纽。长、宽、高均 1.2 厘米，重 8 克。玺体较高，坛为台式，大部分附红斑锈，只有零星绿锈。玺文为"木"，阳文，正书，风格属三晋。《汇编》无此玺，民间罕见。

古人观象知物理而识人之性。《礼记·月令》："某日立春，盛德在木。"《论语·子路》："刚，毅，木，讷，近仁。"《白虎通·五行》："木在东方。东方者，阳气始动，万物始生。"

木 含少阳之气，纯朴之性，生机盎然。道法自然，提示人们慎守真诚，勤修仁德，不断进取。

铜质。长方形，鼻纽。长 1.2、宽 0.9、高 0.5 厘米，重 1.6 克。为箴言玺中体积最小，重量最轻的铜玺。玺体扁平，纽扁窄，附浅绿锈，相间零星土锈，露铜处呈铅灰光。出土于西安。玺文为"乙"，阳文，反书，风格属秦。《汇编》无此玺，民间罕见。

古人观象知物理而识人之性。《说文·乙部》："乙，象春草木冤曲而出，阴气尚疆，其出乙乙也。"《白虎通·五行》："乙者，物蕃屈有节欲出。"

乙　既显春草木艰难出土之貌，也含春草木生机盎然之性。道法自然，提示人们赏其貌，悟其性，不畏艰难，锐意进取。

禾
玺

铜质。方形，鼻纽。边长 1.3、高 0.9 厘米，重 4.5 克。玺体四侧分别留出三角形铜质外，其余皆镀铬，呈银白光，玺面呈黄铜光，附少量绿锈、红斑，品相极佳。玺文为"禾"，阳文，反书，风格属秦。《汇编》收入 8 枚，民间常见。

古人借物言情。《管子·小问》："桓公放春，三月观于野。桓公曰：'何物可比于君子之德乎？'……管仲曰：'苗，始其少也，眴眴乎何其孺子也！至其壮也，庄庄乎何其士也！至其成也，由由乎兹俛，何其君子也！天下得之则安，不得则危，故命之曰禾。此其可比于君子之德矣。'桓公曰：'善'"。

禾 本指粟苗长大成熟之状，比喻君子谦卑之德。《周易·谦》："'谦谦君子'，卑以自牧也。"《老子》第二十八章："知其雄，守其雌，为天下谿。"《管子·水地》："卑也者，道之室，王者之器也。"这是儒道两家共同倡导的中华美德。

铜质。长方形，瓦纽。长 1.8、宽 1.1、高 1.2 厘米，重 11.5 克。满身灰土锈，隐约可见红斑绿锈。玺文为"禾"，阴文，反书，风格属秦。

禾　本指粟苗长大成熟之状，比喻君子谦卑之德。秦人运用夸张手法，将"禾"字一撇延长至地面，谦卑之态，情真意切，深知立身处世，安邦治国之道，可谓意境深远。

081

睦玺

铜质。圆形，坛纽。直径 1.3、高 1.7 厘米，重 13.1 克。玺体高，坛面上下各置一道凹弦纹，鼻呈六棱形，制作精良。通体附浅绿锈，并有零星红斑。玺文为"睦"，阴文，反书，风格属秦。《汇编》无此玺，民间罕见。

睦谓和顺。《孔子家语·礼运》："大道之行，天下为公，选贤与能，讲信修睦。"《孟子·滕文公上》："出入相友，守望相助，疾病相扶持，则百姓亲睦。"《说文·目部》："睦，目顺也。从目，坴声。一曰敬和也。"

睦　相亲相敬，和顺相处。

铜质。圆形，瓦纽。直径1、高0.8厘米，重3克。玺体附绿锈，除锈处呈灰白色。玺文为"上下和"三字，阳文，反书，布局精妙，文字端庄，风格属三晋。《汇编》收入1枚，民间珍稀。

上下谓天地、君臣。《论语·述而》："祷尔于上下神祇。"朱熹集注："上下，谓天地。"《楚辞·天问》："上下未形。""上下"是指天地。《韩非子·扬权》："君操其名，臣效其形，形名参同，上下和调也。"《孟子·梁惠王下》："是上慢而残下也。"上下谓尊卑。《礼记·檀弓上》："上下各以其亲。"《吕氏春秋·慎小》："上尊下卑。"和谓和谐。《广雅·释诂三》："和，谐也。"《礼记·祭义》："以致天下之和。"

上下和 天地君臣，尊卑，长幼之间和谐相处。

私玺

铜质。长方形，瓦纽。长 2、宽 1.3、高 1 厘米，重 10.9 克。玺体满身附灰绿锈。玺文为"私"，阴文，反书，风格属秦。《汇编》无此玺，民间较多。

私谓私情私欲，谓人性。《吕氏春秋·去私》："子，人之所私也。"《韩非子·五蠹》："求得则私安。"《荀子·正名》："生之所以然者谓之性，性之和所生，精合感应，不事而自然谓之性。"先秦诸子首先认同私的天然属性。《老子》第二十五章："域中有四大，而人居其一焉。"《孝经·圣治章》："天地之性，人为贵。"同时指出控制私的必要性。《老子》第四十四章："甚爱必大费，多藏必厚亡。"第七十二章："圣人自知不自现，自爱不自贵。"警示人们自爱有度。《老子》第七章的"以其无私，故能成其私"是最经典的阐述。

铜质。方形，坛纽。长、宽、高均 1 厘米，重 2.8 克。玺体扁平，坛纽高大，抛光打磨精细，大部分呈白铜光，小部分附翠绿锈。玺文为"厶玺"二字，阳文，正书，左读，风格属三晋。《汇编》收入 40 枚，民间较多。

厶通私，谓私人，谦词。《仪礼·燕礼》："寡君，君之私也。"《韩非子·五蠹》："是以公民少而私人众矣。"玺谓信用凭证。《庄子·胠箧》："为之符玺以信之。"《说文·土部》："玺，王者印也，所以主土。从土，尔声。玺，籀文从玉。"《说文·印部》："印，执政所持信也。"

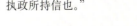

厶玺　个人社会交往的信用凭证，也是告诫自己守道修身的警示符契。

厶公之玺　玺

铜质。方形，坛纽。长 1.5、宽 1.4、高 1 厘米，重 9.5 克。玺体近方正，坛面饰一周云雷纹，少见。玺体附绿锈、红锈和白锈皆为结晶锈，十分鲜艳。玺面以每边中点向相邻边中点饰弧线，将玺面分四等份，分铸四字，中间留出菱形空白。玺文为"厶公之玺"四字，阳文，反书，风格属三晋。《汇编》收入 13 枚，民间常见。

厶通私，公谓背私。《吕氏春秋·去私》："忍所私以行大义，钜子可谓公矣。"《说文·八部》："公，平分也。从八，从厶。八犹背也。〈韩非〉曰：背私为公。"

厶公之玺　立身处世，公私分明。

玺文厶在前，公在后，值得品味。

铜质。方形，坛纽。边长 1、高 1.3 厘米，重 3.5 克。玺体比例协调，造型端庄，纽饰六棱线，制作精细，满身铅灰光，局部附翠绿锈和深蓝锈，十分美观。玺文为"母相亡心"四字，阳文，反书，风格属三晋。《汇编》无此玺，民间罕见。

母谓自然法则，天道。《老子》一章："有，名万物之母。"《老子》第二十章："我独异于人，而贵食母。"相谓相貌特征。亡谓无，心谓私情私欲。《诗经·秦风·小戎》："乱我心曲。"《管子·内业》："心无他图，正心在中，万物得度。"

母相亡心 天道特征是没有私情私欲。《老子》第七十九章："天道无亲，常与善人。"提示人们道法自然，修心向善。

也有释此玺为"毋相忘"，非也。首先，容庚《金文编》、汤余惠《战国文字编》中，女字中间置一横笔释毋，女字中间置两点，或两竖笔，或两横笔皆释母。其次母读毋的情况也有，但要根据构词和玺面布局去判断。再次，语言是随时代而变化的，东周表达"毋相忘"之情用"相思"（参见本书第 088、089 号），汉代才用"毋相忘"（西汉铜镜铭文中习见）。

相
如
玺

铜质。长方形，坛纽。长 1.3、宽 0.8、高 1.3 厘米，重 6.1 克。玺体满身附薄绿锈，露铜处呈黑漆古色，玺面下边残。玺面布日字格，玺文为"相如"二字，阴文，反书，风格属秦。《汇编》无此玺，民间罕见。

相谓两相之辞。《论语·卫灵公》："道不同，不相为谋。"《礼记·仲尼燕居》："譬犹瞽之无相与。"如谓随从。《周易·豫·象传》："天地如之。"《说文·女部》："如，从随也。从女，从口。"

相如 相互尊重，和睦共处。《孟子·公孙丑上》："大舜有大焉，善与人同，舍己从人，乐取于人以为善。"因为其深刻的文化内涵，相如成为古人常用名，《汇编》中常见，多用合文。

铜质。长方形，鼻纽。长 2、宽 1.2、高 1 厘米，重 9.6 克。玺体扁平，抛光工艺精细，大部分隐约可见黄铜光，局部附绿锈，鼻纽内侧顶部有磨损变薄的使用痕迹。玺文为"相思"二字，阴文，反书，风格属秦。《汇编》无此玺，民间常见。

相谓两相之辞。思谓思念。《周易·临·象传》："君子以教思无穷。"《孝经·圣治章》："言思可道，行思可乐。"

相思 相互思念，相互学习，维护友谊，共修仁德。秦有"相思得志"玺，汉有"长相思，勿相忘"铜镜，都是对相思的进一步发挥。

相思玺

铜质。长方形，鼻纽。长 2、宽 1.1、高 1.4 厘米，重 9.4 克。玺体高大，满身附较厚红斑绿锈，腐蚀较重。玺文为"相思"二字，阳文，反书，较少见，风格属秦。

铜质。长方形，坛纽。长 1.8、宽 1.1、高 0.7 厘米，重 4.9 克。玺体扁平，坛面镀铬，呈银白光；侧面附绿锈，露铜处呈铅白光。玺文为"相敬"二字，阴文，反书，风格属秦。《汇编》无此玺，民间常见。

相谓两相之辞，敬谓尊敬。《论语·宪问》："修己以敬。"

《大戴礼记·曾子立孝》："忠爱以敬。"《孝经·士章》："以敬事长则顺。"

相敬　相互尊敬。

091 相教玺

铜质。长方形，瓦纽。长 1.7、宽 1.1、高 0.7 厘米，重 3.4 克。玺体扁平，满身附灰绿锈。玺文低于边框，为"相教"二字，阴文，反书，风格属秦。《汇编》无此玺，民间常见。

相谓两相之辞。教谓教诲。《中庸》第一章："修道之谓教。"《礼记·燕义》："掌其戒令，与其教治。"《尚书·无逸》："古之人犹胥训告，胥保惠，胥教诲，民无或胥诪张为幻。"

相教 互相教诲。

铜质。方形，鼻纽，连珠纹纽座。边长 1.3、高 0.8 厘米，重 3.6 克。出土于平顶山。多附灰土锈，局部呈灰绿锈。玺文为"之"，阳文，反书，饰双边框，风格属秦。《汇编》无此玺，民间罕见。

之通志。《周易·乾》："穷之灾也。"《墨子·号令》："为人下者，常司上之，随而行。"

之　志也。此玺应为"尚志"、"志于学"、"志于道"的简称。

093 得志玺

铜质。方形，坛纽。边长 1.1、高 1.3 厘米，重 5.3 克。玺体端庄，大部分附红斑，少部分附绿锈，玺面边角破损处可见腐蚀较重。玺文为"得志"二字，阳文，反书，风格属三晋。《汇编》收入 10 枚，民间常见。

得谓获取。《礼记·大学》："虑而后能得。"《孟子·尽心上》："求则得之。"志谓心志。《尚书·舜典》："诗言志。"《论语。里仁》："苟志于仁矣。"《荀子·解蔽》："人生而有知，知而有志。"

得志　修养心志。

铜质。方形，瓦纽。边长 2、高 1 厘米，重 14.8 克。玺体方正，满身附薄绿锈。玺面布田字格，玺文为"相思得志"四字，阴文，反书，风格属秦。《汇编》无此玺，民间珍稀。

相思得志　相互学习，勤修仁德。《论语·颜渊》："曾子曰：'君子以文会友，以友辅仁'。"

從志璽

銅质。长方形，瓦纽。长 2、宽 1.1、高 1 厘米，重 12.4 克。玺体呈暗黄铜光，仅附很薄的零星灰绿锈，腐蚀较轻，瓦纽顶部有明显的磨损变细的使用痕迹。玺文为"從志"二字，阴文，反书，风格属秦。《汇编》无此玺，民间珍稀。

從谓随行。《大戴礼记·曾子本孝》："士之孝也，以德从命。"《孟子·告子上》："從其大体者为大人。"《说文·从部》："從，随行也。从辵，从从，从亦声。"志谓心志。

從志 随心所欲，为所欲为。

铜质。曲尺形，鼻纽。长 1.7、宽 1.5、高 1 厘米，重 5.7 克。玺满身附灰土锈，无锈处呈灰黑色。玺文低于边框，为"從志"二字，阴文，反书，风格属秦。曲尺形玺珍稀。

高
志
玺

铜质。长方形，鼻纽。长 1.9、宽 1.4、高 1.1 厘米，重 11.5 克。玺体附较厚的斑驳结晶灰土锈和灰绿锈，露铜处呈黑漆古色。玺文为"高志"二字，阴文，反书，风格属秦。《汇编》无此玺，民间常见。

高谓高尚。《说文·高部》："高，崇也。象台观高之形。"《广雅·释诂一》："高，尊敬也。"志谓心志。

高志 高尚其志。《荀子·修身》："卑湿，重迟，贪利，则抗之以高志。"

铜质。圆形，鼻纽。直径 1.1、高 1 厘米，重 5.2 克。玺体端庄隽秀，打磨抛光精细，大部分呈铅白光，局部附灰绿锈。玺文为"有志"二字，阳文，反书，风格属三晋。《汇编》收入 4 枚，民间珍稀。

有谓充满。《诗经·邶风·谷风》："不宜有怒。""中心有违。"《老子》第三十三章："强行者有志。"志谓心志。

有志　充满心志。

099

文玺

铜质。带钩形。钩长 5.6、玺径 1.4 厘米，重 38.2 克。钩体造型简洁，大方厚重，满身附灰绿锈。玺文为"文"，阳文，正书，风格属秦。《汇编》收入 2 枚，民间珍稀。带钩形铸阳文，罕见。

文谓文字。《孟子·万章上》："故说诗者不以文害辞。"《左传》宣公十五年："故文反正为乏。"

文谓文辞。《荀子·非相》："发之而当，成文而类。""文而致实，博而党正。"

文谓文化。《论语·学而》："行有余力，则以学文。"《荀子·王制》："积文学，正身行。"

文谓美德。《国语·周语》："以文修之。"《论语·子罕》："文王既没，文不在兹乎？"

文 文字、文辞、文化的总称，美德之别名。

铜质。方形，坛纽。边长 1.1、高 1 厘米，重 4.5 克。玺体较扁，台式坛纽，棱角分明，大部分附灰土锈，局部附翠绿锈。玺文为"文"，阳文，正书，风格属秦。

101

上
文
玺

铜质。方形，坛纽。边长 1、高 0.9 厘米，重 3.3 克。玺体侧面和坛纽间饰一周连珠纹，满身附灰土锈，除锈处显红斑。玺文为"上文"二字，阳文，正书，风格属秦。《汇编》无此玺，民间罕见。

上谓崇尚;文为文字、文辞、文化的总称，美德之别名。《论语·雍也》:"君子博学于文。"《论语·述而》:"子以四教：文，行，忠，信。"

上文　崇尚道德修养。

铜质。方形，坛纽。边长 1.1、高 1 厘米，重 4.5 克。玺体大部附灰土锈，局部附灰绿锈和红斑，露铜处呈铅白光。玺文为"敬文"二字，阳文，正书，风格属三晋。《汇编》收入 7 枚，民间珍稀。

叶其峰《战国成语玺析义》解释"敬文"之"文"为"标志古代等级制度的车马服装的不同纹饰"，有误。"文"是文字、文辞和文化的总称，美德之别名（参见本书 099 号）。《荀子·劝学》："《礼》之敬文也。"《荀子·礼论》："事生不忠厚，不敬文谓之野；送死不忠厚，不敬文谓之瘠。"

敬文　遵守礼仪制度，重视道德修养。

103 宜玺

铜质。圆形，鼻纽，连珠纹纽座。直径 1.3、高 0.9 厘米，重 2.8 克。玺体大部附结晶状翠绿锈，偶有小红斑。出土于陕北黄土高坡。玺文为单字"宜"，阳文，正书，风格属秦。《汇编》无此玺，民间罕见。

宜通义。郭店楚简《六德》简四："非宜者，莫之能也。"又简一五："宜者，君德也。"《荀子·正名》："名无固宜，约之以命，约定俗成谓之宜。"

宜　义也。胸怀道义，处事合义。《论语·阳货》："君子义以为上。"

铜质。方形，坛纽。边长 1.1、高 1.2 厘米，重 7.2 克。玺体端庄，制作精细，大部分呈铅白光，局部附红斑绿锈，品相很好。玺文为"正宜"二字，阳文，反书，风格属三晋。《汇编》无此玺，民间珍稀。

正谓修养，宜谓道义。

正宜 修养道义。警示自己平时要精读诗书，处事要符合道义。《孟子·公孙丑上》："其为气也，配义与道。"《礼记·礼运》："仁者，义之本也。"《左传》僖公二十七年："诗、书，义之府也。"《春秋繁露·仁义法》第二十九："以仁安人，以义正我。""仁之法在爱人，不在爱我；义之法在正我，不在正人。"

正宜玺

铜质。方形，坛纽。边长 0.9、高 1 厘米，重 4.3 克。玺体抛光打磨精细，一半呈铅灰光，一半附绿锈，品相上乘。玺文为"正宜"二字，阳文，反书，风格属三晋。"正"字下部内斜，右下角布白，似和左上角相呼应；"宜"字宝盖头省去一笔，使得书法结构疏朗，浑然一体。

铜质。方形，坛纽。边长1.4、高1厘米，重4.7克。玺体稍扁，呈铅灰色，抛光面有剥落，局部附绿锈。纽内侧下方，即玺体顶部中间部位凹下，内充满致密的黄沙土；玺文下部断面呈薄铜片状，凹下成不规则小坑，也充满致密的黄沙土，应是在玺范内置入一个比玺体更小的沙土泥芯，此类现象在箴言玺中常见。玺文为"禾宜"二字，阳文，正书，风格属秦。《汇编》收入3枚，民间珍稀。

禾谓粟苗长大成熟之貌，比喻君子谦卑之德；宜谓道义。

禾宜　慎守谦和之道。

宜事玺

铜质。方形，鼻纽。边长 0.9、高 1.2 厘米，重 4.4 克。玺体方正，满身呈黑漆古色，局部附零星绿锈。玺文为"宜事"二字，阳文，反书，风格属三晋。《汇编》收入 1 枚，民间珍稀。

宜谓道义，事谓职事。

宜事　按道义办事。《论语·里仁》："君子之于天下也，无适也，无莫也，义之与比。"

铜质。圆形，坛纽。直径 1、高 0.9 厘米，重 3.2 克。玺体扁平，坛纽较高，大部分附结晶状翠绿锈，除锈露铜处呈红色。玺文为"宜行"二字，阳文，反书，风格属三晋。《汇编》收入 3 枚，民间珍稀。

宜谓道义，行谓行道。

宜行　按道义行事。

立
宜
玺

铜质。方形，坛纽。长、宽、高均 0.9 厘米，重 4.4 克。玺体抛光精细，呈铅白光，一部分附绿锈，一部分附红斑，色彩鲜艳，品相很好。玺文为"立宜"二字，阳文，反书，风格属三晋。《汇编》收入 1 枚（编号 4278，释为"宜位"，误），民间珍稀。

立谓树立。《庄子·天地》："德成之谓立。"《论语·雍也》："夫仁者，己欲立而立人，己欲达而达人。"宜谓道义。

立宜　树立道义。和"正宜"含义相近。

铜质。方形，坛纽。长、宽、高均 1.3 厘米，重 7.7 克。玺体方正，满身附淡绿锈，并有零星土锈，纽部和玺面有多处裂痕。玺文为"善宜"二字，阳文，反书，风格属三晋。《汇编》收入 2 枚"宜善"，没有"善宜"，民间罕见。

善谓仁爱，宜谓道义。

善宜　做事既要体现善意，也要符合道义。

111 宜有君士玺

铜质。方形，坛纽。边长1.3、高0.9厘米，重5.8克。玺体方正，坛成台式，附灰绿锈和结晶状蓝锈，玺面边框有变形及残损，玺文完整。玺文为"宜有君士"四字，阳文，反书，风格属秦。《汇编》收入1枚，民间珍稀。

宜谓行道义，有谓取得。《诗经·小雅·裳裳者华》："维其有章矣，是以有庆矣。"《论语·季氏》："天下有道，则庶人不议。"君士泛指群贤。

宜有君士　办事合义，群贤毕至。《国语·晋语·文公任贤》："德广贤至。"《论语·里仁》："德不孤，必有邻。"

铜质。方形，坛纽。边长 1.3、高 0.8 厘米，重 3.8 克。玺体扁平，坛成台式，附灰绿锈和红斑，露铜处呈灰黑色。玺文为"宜有上士"四字，阳文，反书，风格属秦。《汇编》无此玺，民间罕见。

宜谓决策合义，有谓得到，上士本指四等爵位的官员，此处泛指贤臣。

宜有上士　决策符合道义，必然得到贤臣的拥护。

113

宜有百金玺

铜质。方形，坛纽。长 1.5、宽 1.4、高 0.7 厘米，重 4 克。玺体扁平，坛成台式，大部分呈黑漆古色，隐约可见黄铜光，局部附绿锈。玺文为"宜有百金"四字，阳文，反书，风格属秦。《汇编》收入 7 枚，民间常见。东周类似箴言玺还有"宜有百万"、"宜有千万"、"宜有千金"、"宜有万金"等。

宜谓办事合义，有谓得到，百金谓很多财产。

宜有百金　办事合义，必获丰利。《国语·晋语》："夫义者，利之足也。""义以生利、利以丰民。"《吕氏春秋·别类》："义，小为之则小有福，大为之则大有福。"

铜质。方形，台式纽。边长 1.5、高 1 厘米，重 6.8 克。玺体扁平，满身附灰土锈，并有零星绿锈。玺文为"宜有百万"四字，阳文，反书，风格属秦，"宜"字书法有别。《汇编》收入 6 枚（释为"宜有万金"，不妥），民间常见。

王人聪将此玺列入吉语系列，是对玺文"宜"的误解。

宜有百万　办事合义，即有百万之利。

敬命玺

铜质。方形，坛纽。长、宽、高均 1.4 厘米，重 8.9 克。玺体侧面多附绿锈，坛纽多附黑锈，玺面多附红斑。玺文为"敬命"二字，阳文，反书，风格属三晋。《汇编》收入 6 枚，民间珍稀。

叶其峰《战国成语玺析义》将"敬命"解释为"古代一方尊重另一方意见时使用的成语"，有误。

敬谓恭敬谨慎；命谓天命。《论语·季氏》："畏天命。"《论语·为政》："五十而知天命。"《说苑·权谋》："知命者，预见存亡祸福之原，早知盛衰废兴之始；防事于未萌，避难于无形。"《孟子·尽心上》："尽其道而死者，正命也；桎梏死者，非正命也。""求之有道，得之有命。"《黄帝内经·素问·气交变大论》："道者，上知天文，下知地理，中知人事，可以长久。"

敬命　敬畏天命，求知天命，顺应天命，以得正命。通读儒道经典，特别是《黄帝内经》，可见"敬命"是科学的积极的养生之道。

铜质。圆形，瓦纽。直径 1.1、高 0.8 厘米，重 3.1 克。玺体大部分呈黄铜光，附有零星的绿锈和蓝锈，瓦纽内侧顶部有磨损变细的使用痕迹。玺文为"惉命"二字，阳文，反书，风格属三晋。《汇编》收入 2 枚，民间珍稀。

惉谓恭敬谨慎。《说文·心部》："惉，敬也。从心，折声。"命谓天命、生命。

惉命　恭敬谨慎地对待生命。

叁

礼仪篇

《荀子·礼论》：
"故礼者，养也。"
"礼者，人道之极也。"

《荀子·劝学》：
"礼者，法之大分，类之纲纪也；
故学致乎礼而止矣！
夫是之谓道德之极。"

《荀子·天论》：
"在天者莫明于日月，
在地者莫明于水火，
在物者莫明于珠玉，
在人者莫明于礼义。"

礼是人世道德之极点，
民族文化之总合，
社会文明之标志。

铜质。方形，鼻纽。边长 1、高 0.7 厘米，重 2.7 克。玺体扁平，大部分呈铅灰光，局部附灰土锈，并有零星绿锈。玺文为单字"礼"，阴文，反书，风格属秦。《汇编》无此玺，民间罕见。

礼　礼仪制度。《荀子·礼论》："礼者，人道之极也。"《荀子·劝学》："礼者，法之大分，类之纲纪也；故学致乎礼而止矣！夫是之谓道德之极。"《荀子·天论》："在天者莫明于日月，在地者莫明于水火，在物者莫明于珠玉，在人者莫明于礼义。"

礼　是人世道德之极点，民族文化之总合，社会文明之标志。

118 听 玺

铜质。带钩形。玺径 1.8、钩长 5.7 厘米，重 17 克。钩体饰双蟠螭纹，钩头钩身呈伸展的蟠螭形，钩尾饰环绕式蟠螭，相互偎依，形象生动。大部分附灰绿锈，绿锈下覆盖红斑，除锈露铜处呈黑漆古色。玺文为单字"听"，阴文，反书，风格属秦。《汇编》无此玺，民间罕见。

听是一种学习方法，《论语·季氏》："听思聪。"《荀子·正名》："以学心听。"听还是一种处世哲学，《大戴礼记·子张问入官》："善言必听矣。"《论语·述而》："多闻，择其善者而从之。"听更是一种为官之道。《周礼·地官·大司徒》："与有地治者听而断之。"《荀子·王制》："中和者，听之绳也。"

铜质。方形，坛纽，肩部饰一周连珠纹。长1.7、宽1.6、高1厘米，重12.9克。玺体稍扁，大部分附灰绿锈，局部附红斑，露铜处呈灰色。玺文为"惪禾敬听"四字，阳文，反书，风格属三晋。《汇编》收入1枚，民间珍稀。

《汇编》4900玺文释为"惪和敬明"，不妥，语意也无法解释。应释为惪禾敬听，玺文第四字从耳从口，会意字听（参见吴振武《〈古玺文编〉校订》第三一五条）。

惪禾敬听　谨慎谦和，恭敬听取对方发言。这是虚心学习的态度，为人处世的方法，为官决策的法宝。

保
家
玺

铜质。长方形，坛纽。长 2.2、宽 1.4、高 1 厘米，重 7.7 克。玺体扁平，坛纽更扁，侧面附红斑，纽部附结晶翠绿锈，露铜处呈铅灰光。玺文为"保家"二字，阴文，反书，风格属秦。《汇编》无此玺，民间罕见。

保谓养育保佑。《国语·周语》："仁所以保民也。"《诗经·大雅·烝民》："保兹天子。"《孟子·梁惠王上》："保民而王，莫之能御也。"家谓居室，《说文·宀部》："家，居也。"《诗经·周南·桃夭》："宜其室家。""宜其家人。"

保家 养育保佑家庭，幸福安康。这是修身养性的外在表现，也是治国平天下的前提。

铜质。长方亭形，鼻纽。长1.5、宽1.3、高1厘米，重7克。玺体中空，造型别致，美观大方。玺体大部分呈黑漆古色，个别部位泛黄铜光，局部附红斑，也有零星绿锈。玺文为"和眾"二字，阴文，正书，风格属秦。《汇编》无此玺，民间常见。

和谓和睦相处。《春秋繁露·循天之道》："和者，天之正也，阴阳之平也，其气最良，物之所生也。"《中庸》："和也者，天下之达道也。"眾谓众人，或群臣，或平民。《礼记·曲礼下》："典司五众。"《论语·学而》："泛爱众，而亲仁。"

和眾　与众人（侯王于群臣，诸臣于平民）和睦相处。

安众玺

铜质。长方形，瓦纽。长 2、宽 1.2、高 0.8 厘米，重 6.8 克。玺体大部分附很薄的绿锈，局部附灰土锈，一流品相。玺面置日字格，玺文为"安众"二字，阴文，反书，风格属秦。《汇编》无此玺，民间常见。

安谓安定。《礼记·曲礼上》："安，定辞，安民哉。"《论语·宪问》："修己以安人。""修己以安百姓。"众谓众人。

安众　安定众人。侯王安定群臣，诸臣安定平民。

铜质。方形，鼻纽。边长1、高1.3厘米，重4.8克。玺体小巧，鼻纽高大。抛光工艺极精，呈银白光。局部附较厚的红斑绿锈，还有多道裂痕。玺文为"得众"二字，阳文，反书，风格属三晋。《汇编》收入2枚，民间珍稀。

得谓获取，《孟子·离娄上》："得天下有道：得其民，斯得天下矣。得其民有道：得其心，斯得民矣。"《大学》第十一章："道得众则得国，失众则失国。"众谓众人。

得众　获得众人真诚拥护。

孝
弟
玺

铜质。方形，坛纽。长、宽、高均 1.2 厘米，重 4.3 克。玺体方正，抛光精细，无锈处呈铅白光，多半玺体附绿锈，除锈处可见绿锈下面还有一层厚薄不均的红斑，除锈露铜处呈黑漆古色。玺文为"孝弟"二字，阴文，反书，风格属秦。《汇编》无此玺，民间珍稀。

孝含三层意义，一是保护自身安全，儿行千里母担忧，此为父母心；二是立身行道，扬名于世，以显父母；三是尊敬顺从和奉养父母。《孝经·开宗明义章》："身体发肤，受之父母，不敢毁伤，孝之始也，立身行道，扬名于后世，以显父母，孝之终也。"《说文·老部》："孝，善事父母者。从老省，从子，子承老也。"弟通悌。《论语·学而》："其为人也孝悌。"

弟谓对兄弟尊重友善。《荀子·王制》："能以事兄谓之弟。"《论语·学而》："孝弟也者，其为仁之本与。"

孝弟 孝敬父母，尊重兄长。修仁德，行孝弟。

铜质。方形，鼻纽，纽座微隆起。边长 2.35、高 1.4 厘米，重 26.8 克。
玺体高大，大部分附薄红绿锈，局部呈铅灰光，字口清晰，品相上成。
玺文为"贞孝"二字，阴文，反书，风格属秦。《汇编》无此玺，民
间罕见。

贞谓精诚。《周易·乾·文言》："贞固足以干事。"《释名·释言语》："贞，
定也，精定不动惑也。"孝谓孝敬父母。

贞孝　忠贞不惑，孝敬父母。

悊终玺

铜质。方形，坛纽。长、宽、高均 1.4 厘米，重 8.1 克。玺体端庄，满身附一层薄黑灰色锈，只在坛纽部位有两处绿锈，玺角处抛光层有脱落现象。玺文为"悊终"二字，阳文，反书，风格属三晋。《汇编》无此玺，民间罕见。

悊谓慎。《说文·心部》："悊，敬也。"《谥法》："敏以敬曰慎。"《论语·学而》："慎终，追远，民德归厚矣。"《曾子·养老》："父母既殁，慎行其身，不遗父母恶名，可谓能终矣。"

悊终　慎终。谨慎处理父母后事，不忘父母恩德。

铜质。长方形，坛纽。长 1.7、宽 0.9、高 1.4 厘米，重 9.4 克。玺体比例协调，造型端庄。坛纽有小片呈银白光，可知有镀铬工艺。满身附墨绿锈和红斑，玺面露铜处呈黄铜光，腐蚀较轻。玺文为"俗印"二字，阴文，反书，风格属秦。《汇编》无此玺，民间罕见。

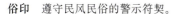

俗谓民风民俗。《老子》第八十章："甘其食、美其服、安其居、乐其俗。"《庄子·秋水》："差其时，逆其俗者，谓之篡夫；当其时，顺其俗者，谓之义之徒。"《黄帝内经·灵枢·师传》："入国问俗，入家问讳，上堂问礼，临病人问所便。"印谓信用凭证，《说文·印部》："印，执政所持信也。"

俗印　遵守民风民俗的警示符契。

128 师俗玺

和田白玉质。方形，坛纽。长 1.2、宽 1.1、高 1.2 厘米，重 3 克。出土于洛阳，玺体端庄，雕琢精细，玉质致密，洁白无瑕，玉光内蕴，表面有一层若隐若现的腐蚀痕。玺文为"师俗"二字，阴文，反书，风格属秦。《汇编》无此玺，民间罕见。

师谓效法，顺从。《荀子·修身》："不是师法而好自用。"《庄子·人世间》："犹师心者也。"《庄子·秋水》："盖师是而无非，师治而无乱乎？"俗谓民风民俗。

师俗 效法、顺从民风民俗。

铜质。方形，坛纽。边长 1.2、高 1 厘米，重 6.6 克。玺体大部分呈铅灰光，局部附大小不等的土锈和绿锈，玺面字口深峻，粘锈较多。玺文为单字"政"，阳文，反书，风格属三晋。《汇编》收入 3 枚，民间珍稀。

政谓正。《礼记·哀公问》第二十七："人道政为大。"《论语·颜渊》："政者，正也。子帅以正，孰敢不正？"《论语·为政》："为政以德，譬如北辰，居其所而众星共之。"《墨子·公孟》："政者，口言之，身必行之。"《中庸》第二十章："为政在人，取人以身，修身以道，修道以仁。"

政 以文正己，即用传统文化修养自身。以身作则，这是执政者为政之道。

政
玺

铜质。圆形，鼻纽。直径 1.4、高 1 厘米，重 6.7 克。玺体稍扁，附厚薄不均的灰土锈、绿锈，除锈露铜处呈红色或呈铅灰光。玺文为单字"政"，阳文，反书，风格属三晋。

铜质。圆形，坛纽。直径 1.2、高 1.3 厘米，重 5.2 克。玺体高挺、坛纽较低，纽的顶部有明显的磨损变细的使用痕迹，满身附灰绿锈、翠绿锈、红斑锈，只附极少土锈，一流品相。玺文为"正下"二字，阳文，反书，风格属秦。《汇编》收入 2 枚，民间珍稀。

正通政，《管子·禁藏》："发五正。"《礼记·文王世子》："庶子之正于公族者。"《墨子·天志上》："义者政也，无从下之政上，必从上之政下。"下指群臣，指民众。《周易·泰·象》："上下交而其志同也。"《尚书·皋陶谟》："达于上下，敬哉有土！"

正下　正群臣，安民众。

共
玺

铜质。圆形，鼻纽。直径 1、高 0.9 厘米，重 2.7 克。玺体小巧，大部分附结晶土锈、绿锈，无锈处呈铅灰光，除锈处呈红色。玺文为"共"，阳文，正书，风格属三晋。《汇编》收入 15 枚，民间常见。

共通恭。《诗经·小雅·巧言》："匪其止共，维王之邛。"《诗经·大雅·韩奕》："虔共尔位，朕命不易。"《墨子·公孟》："君子共己以待，问焉则言，不问焉则止。"

共　恭敬，敬于心，恭于貌，儒家倡导之美德。

铜质。方形，坛纽。边长1.1、高1厘米，重5克。玺体端庄，满身附灰土锈，只有一小片绿锈。玺文为"共"，阳文，正书，字口深峻，出土于燕地。

敬玺

铜质。长方形，鼻纽。长 1.7、宽 1.2、高 0.9 厘米，重 5.5 克。玺体扁平，满身内附红斑，外附灰绿锈，清理侧边后露出黄铜色，腐蚀较轻。玺文为"敬"，阴文，反书，风格属秦。《汇编》收入 49 枚，民间较多。

敬谓尊敬。《大戴礼记·曾子立孝》："忠爱以敬。"《孝经·士章》："以敬事长则顺。"《论语·宪向》："修己以敬。"

敬谓谨慎。《诗经·周颂·闵予小子》："维予小子，夙夜敬止。"《周礼·天官·小宰》："三曰廉敬。"《荀子·议兵》："凡百事之成也必在敬之，其败也必在慢之。"

敬 恭敬谨慎的心态。在儒家经典中多处提出，在东周箴言玺中也有大量反映"儒家主敬"的箴言玺。是儒家倡导的基本操守之一，是实践爱人利物世界观的必经之路，是中华民族传统美德。

铜质。圆形，鼻纽。直径 1、高 1.1 厘米，重 5.3 克。玺体大部分呈铅灰光，局部附灰绿锈，侧面和纽部各显一小片红斑，纽顶磨损变细。玺文为"敬"，阳文，反书，风格属三晋。

136 敬玺

铜质。方形，坛纽。边长 0.9、高 1.1 厘米，重 4 克。玺体方正，大部分呈铅灰光，坛面两侧附铁锈斑，其他部位有零星绿锈。玺文为"敬"，阳文，反书，书法严谨，字口深峻，锈层很薄，美轮美奂。风格属三晋。

铜质。方形，坛纽。边长 1、高 1.4 厘米，重 5.9 克。玺体方正，满身附墨绿锈，字口清晰。玺文为"自敬"二字，阳文，反书，风格属三晋。《汇编》无此玺，民间罕见。

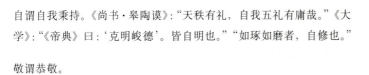

自谓自我秉持。《尚书·皋陶谟》："天秩有礼，自我五礼有庸哉。"《大学》："《帝典》曰：'克明峻德'。皆自明也。""如琢如磨者，自修也。"

敬谓恭敬。

自敬　修己以敬。

138 自曲玺

铜质。方形，坛纽。边长 1.4、高 1.3 厘米，重 7.9 克。玺体两侧附绿锈，前侧呈黑色，后侧呈灰白色。玺文为"自曲"二字，阳文，反书，风格属三晋。《汇编》无此玺，民间常见。

自谓自我秉持，曲谓质朴从顺。《周易·系辞上》："曲成万物而不遗。"《老子》第二十二章："曲则全，枉则直。"《庄子·天下》："人皆求福，己独曲全。"《荀子·礼论》："曲得其次序，是圣人也。"

自曲　自我秉持质朴从顺之德。

铜质。圆形，坛纽。直径 1.3、高 1.2 厘米，重 4.6 克。玺体高大，坛成台式，侧面饰三层镀铬锯齿纹，附少量灰土锈；台面亦用镀铬工艺，局部附泛蓝绿锈。玺文为"敬玺"二字，阳文，反书，字口深峻而清晰，风格属三晋。《汇编》收入 4 枚，民间常见，但饰镀铬工艺的敬玺玺罕见。

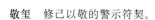

敬玺　修己以敬的警示符契。

慎
玺

铜质。亭形，鼻纽。边长 1.6、高 1.2 厘米，重 7.8 克。玺体歪斜，肩部饰一周连珠纹，满身附结晶状墨绿锈和蓝锈，除锈露铜处又附一层薄淡绿锈，较特殊。玺文为"慎"，阳文，正书，风格属秦。《汇编》无此玺，民间珍稀。

慎谓谨慎。《礼记·表记》："君子慎以避祸，笃以不掩，恭以远耻。""事君慎始而敬终。"《荀子·劝学》："言有召祸也，行有招辱也，君子慎其所立乎！"

慎　言行举止，小心谨慎。

铜质。方形，坛纽。边长 0.9、高 0.8 厘米，重 3.4 克。玺体方正，大部分附很薄的灰绿锈，偶有红斑，露铜处呈铅灰光。玺文为"悊"，阳文，反书，字口深峻，干净利落，风格属秦。《汇编》收入 45 枚，民间较多。

悊谓恭敬谨慎。郭店楚简《老子（甲本）》："临事之纪：悊终女司，此亡败事矣。"《说文·心部》："悊，敬也。从心，折声。"悊在古文中少见，在箴言玺中较多。

悊　为人恭敬，言行谨慎。

142 日怸玺

铜质。方形，坛纽，连珠纹纽座。长 1.6、宽 1.4、高 1.1 厘米，重 7.9 克。玺体端庄，满身锈色复杂，土锈、绿锈、红斑锈皆有，局部露铜，呈铅灰色。玺文为"日怸"二字，阳文，反书，风格属秦。《汇编》无此玺，民间罕见。

日谓每日。《荀子·天论》："君子敬其在己者而不慕其在天者，是以日进也。"《荀子·天论》："君臣之义、父子之亲，夫妇之别，则日切磋而不舍也。"

日怸　每日都要秉持恭敬谨慎的心态。

铜质。半球形，穿带纽。直径 0.9、高 0.7 厘米，重 1.9 克。玺体附灰黑色锈，除锈处露红斑，无锈处呈黑漆古色。玺文为"日贵"二字，阴文，反书，风格属秦。《汇编》无此玺，民间罕见。

日谓每日，贵谓尊重。《老子》第二十七章："不贵其师，不爱其资，虽智大迷，是谓'要妙'。"《孟子·公孙丑上》："莫如贵德而尊士，贤者在位，能者在职。"《曾子·内篇·仲尼闲居》："高而不危，所以长守贵也。"

日贵 长守贵，每日都要秉持尊重的心态。

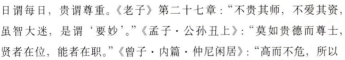

慎守玺

铜质。长方形，坛纽。长2.4、宽1.8、高1.4厘米，重21.9克。玺体大方厚重，满身附红斑，红斑上面偶有绿锈、土锈，可见玺体含铁量较大。玺文为"慎守"二字，阴文，反书，风格属秦。《汇编》无此玺，民间罕见。

慎谓谨慎，守谓操守。《老子》第十六章："致虚极，守静笃。"《吕氏春秋·论人》："喜之以验其守。"《孟子·尽心下》："君子之守，修其身而天下平。"《孟子·离娄上》："守身，守之本也。"

慎守 谨慎操守。内心守住清静，外在守住诚信。

铜质。圆形，坛纽。直径 1.3、高 1.1 厘米，重 4.4 克。玺体端庄，坛成台式，大部分附厚薄不均的绿锈，侧面和台面露铜处呈银白光，应为镀铬工艺所产生的效果。玺面字口清晰，玺文为"悊玺"二字，阳文，反书，风格属三晋。《汇编》收入 12 枚，民间常见。

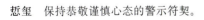

悊玺　保持恭敬谨慎心态的警示符契。

悊之玺

铜质。圆形，坛纽。直径 1.3、高 1.2 厘米，重 4.4 克。玺体端庄，坛成台式，满身红斑锈，红斑上又附零星绿锈和白色结晶土锈，色彩分明而鲜艳，字口清晰无损。玺文为"悊之"二字，阳文，反书，风格属三晋。《汇编》收入 9 枚，民间常见。

悊谓恭敬谨慎，之谓事之辞。《论语·学而》："学而时习之，不亦说乎？"《荀子·正名》："无稽之言，不见之行，不闻之谋，君子慎之。"

悊之　谨慎从事。

铜质。圭形，鼻纽。长 1.6、宽 1.1、高 1 厘米，重 6.1 克。玺体呈圭形，上部圆形寓意天，下部方形寓意地，提示人们道法自然。玺体肩部饰一周连珠纹，满身附一层很薄的红斑绿锈，零星露铜处呈铅白光。玺文为"厶敬"二字，阳文，反书，玺文布局和玺面造型巧妙结合，结构疏朗，字口干净，风格属秦。《汇编》无此玺，民间罕见。

厶通私，谓亲爱。《吕氏春秋·孟春纪·去私》："子，人之所私也。"《左传》襄公二十三年："献子私焉，故因之。"敬谓恭敬。《孔子家语·大婚解第四》："爱与敬，其政之本与？"《孔子家语·哀公问政》："立爱自亲始，教民睦也，立敬自长始，教民顺也。"《孝经·天子章》："爱敬尽于事亲。"

厶敬 家庭和睦，对待亲人要有亲爱之心和恭敬之情。

148

母治玺

铜质。方形，坛纽。长、宽、高均 1.1 厘米，重 4.6 克。玺体方正，全身抛白光，局部附较厚的红斑绿锈。玺文为"母治"二字，阴文，反书，风格属三晋。《汇编》无此玺，民间罕见。

母读毋，禁止之辞。陈侯午敦铭文有"永世母忘。"中山王鼎铭文有："母忘尔邦。""母富而乔。"治读怠，谓懈怠。《汇编》4884～4888 为秦玺"日敬毋治"。《说文·水部》："治，水。从水，台声。"

母治 勿懈怠，不要怠慢偷安。《论语·子路》："子路向政，子曰：'先之，劳之'。请益。曰：'无倦'。"

铜质。方形，瓦纽。边长 1.8、高 1 厘米，重 12 克。玺体方正，满身附薄绿锈。玺面布田字格，玺文为"日敬毋治"四字，阴文，反书，风格属秦。《汇编》收入 5 枚，民间较多。

日敬毋治　每日恭敬从事，坚持不懈怠。

日敬毋治玺

铜质。方形，瓦纽。边长1.6、高1.3厘米，重10.7克。玺体满身红斑，红斑上附零散翠绿锈。玺面边框高于玺文，布田字格，玺文为"日敬毋治"四字，阳文，正书，风格属秦。此玺田字格及玺文均低于玺面边框，阳文正书，已失去印拓功能，属于观赏怡情的掌中珍玩。此类玺阴文反书者居多，阳文正书者珍稀。

铜质。方形，瓦纽。边长 2、高 1 厘米，重 15.3 克。玺体大方厚重，腐蚀很轻，大部分呈铅灰色，局部附分散的薄绿锈，只见一小片红斑。玺面布田字格，玺文为"壹心慎事"四字，阴文，反书，风格属秦。《汇编》无此玺，民间珍稀。

壹谓专壹，心谓性情，慎谓谨慎，事谓职事。

壹心慎事 专心致志，谨慎从事。

敬事玺

铜质。长方形，瓦纽。长 1.8、宽 1.2、高 0.9 厘米，重 6.2 克。玺体扁平，制作精细，腐蚀较轻，满身附分散的淡绿锈，露铜处呈铅灰光。玺文为"敬事"二字，阴文，反书，风格属秦。《汇编》收入 57 枚（是《汇编》收入最多的一种箴言玺），民间较多。也有此类敬事秦玺玺面作日字格式。

敬谓恭敬，事谓职事。《论语·卫灵公》："事君，敬其事而后其食。"《国语·鲁语》："卿大夫佐之受事焉。"

敬事　忠贞职守，恭敬其事。

铜质。方形，坛纽。边长 1.2、高 1.4 厘米，重 6.7 克。玺体端庄，制作精细，腐蚀很轻，满身附分散的淡绿锈，露铜处呈铅灰光。玺文为"敬事"二字，阳文，反书，字口清晰，风格属三晋。

154 敬事玺

铜质。方形，坛纽。长、宽、高均 1.3 厘米，重 6.6 克。玺体方正，腐蚀较轻，局部附红斑绿锈，露铜处呈铅灰光，玺面边框有一条裂痕。玺文为"敬事"二字，阳文，反书，风格属三晋。

铜质。方形，坛纽。边长 1.5、高 1.2 厘米，重 10.8 克。玺体比例协调，腐蚀较轻，大部分附翠绿锈和红斑，尚有零星白锈，露铜处呈铅灰色。玺面一边微内凹，玺文为"敬事"二字，"敬"字省笔，阳文，反书，风格属三晋。

156

悊事玺

铜质。圆形，台式纽。直径 1.3、高 1.1 厘米，重 6 克。玺体浑圆，大部分附较厚的灰绿锈，露铜处呈铅白光。玺文为"悊事"二字，阳文，正书，风格属秦。《汇编》收入 5 枚，民间常见。

悊事　谨慎从事。《吕氏春秋·慎大》："《周书》：'若临深渊，若履薄冰。'以言慎事也。"

铜质。方形，坛纽。边长 1.1、高 1.3 厘米，重 5.5 克。玺体端庄，抛光极精，腐蚀轻微，满身呈铅白光，只附零星绿锈。玺面饰双边框，书法清晰，完整无损，玺文为"恧事"二字，阳文，反书，风格属三晋。恧事玺常见，但如此精美者罕见。

宋积·慎事玺

铜质。方形双面玺，扁圆形穿带纽。边长 1.1、厚 0.5 厘米，重 3.9 克。玺体扁方，满身附红斑，字口清晰无破损，书法精美。玺文为"宋积·慎事"四字，阴文，反书，风格属秦。《汇编》无此玺，此类一面姓名玺一面箴言玺，民间罕见。

宋积·慎事 宋积，人名。是宋积谨慎从事的心态表述。

铜质。圆形，坛纽。直径 1、高 0.9 厘米，重 2.3 克。玺体扁平，坛纽较高。腐蚀很轻，满身呈铅灰光，可见零星土锈。玺文为"敬行"二字，阳文，反书，"敬"字省笔，风格属三晋。《汇编》收入 1 枚，民间珍稀。

敬谓恭敬，行谓行为、行道。《荀子·正名》："正义而为谓之行。"

敬行　恭敬其事，唯道是从。

160

恼行玺

铜质。方形，坛纽。长、宽、高均 1 厘米，重 2.8 克。玺体方正，腐蚀较重，半边附红斑绿锈，另一半无锈呈铅灰色，伴有多条裂痕。玺文为"恼行"二字，阳文，反书，字口清晰，"恼"字省笔，结构疏朗，风格属三晋。《汇编》收入 8 枚，民间较多。

恼行　谨慎从事，唯道是从。《论语·里仁》："放于利而行，多怨。"

铜质。长方形，坛纽。长 2.5、宽 1.7、高 1.5 厘米，重 21.5 克。玺体高大厚重，造型端庄。腐蚀很轻，大部分呈铅灰色，附零散绿锈，几乎看不到土锈。玺面布日字格，玺文为"思言"二字，阴文，正书，左读，风格属秦。《汇编》无此玺，民间较多，但如此大而厚重者罕见。

思谓谋虑。《论语·季氏》："言思忠。"《子思子·鲁缪公》："思之可以利民者。"《孝经·圣治章》："言思可道。"言谓直言。《说文·言部》："言，直言曰言，论难曰语。"《诗经·大雅·文王》："永言配命，自求多福。"

思言　思虑符合道义再说话。

162

思言玺

铜质。长方形，瓦纽。长 2、宽 1.3、高 0.9 厘米，重 9.5 克。玺体稍扁，满身附灰土锈和零散绿锈，露铜处呈红色。玺面布日字格，玺文为"思言"二字，阴文，正书，竖书，风格属秦，民间珍稀。

铜质。方形，坛纽。长 1.6、宽 1.4、高 1.2 厘米，重 13.5 克。玺体高挺，大部分附灰绿锈，少部分露铜处呈红色。玺面露黄铜本色，布日字格，玺文为"莫言"二字，阴文，正书，左读，书法刚劲有力，风格属秦。《汇编》无此玺，民间罕见。

莫谓不，禁止之辞。《诗经·邶风·谷风》："德音莫违。"《论语·里仁》："君子之于天下也，无适也，无莫也，义之与比。"言谓直言。

莫言　对于个人是安身立命之训。《孔子家语·观固》："凡当今之士，聪明深察而近于死者，好讥议人者也；博辨闳达而危其身，好发人之恶者也。"《老子》五章："多言数穷，不如守中。"

莫言　对于执政者是安邦兴国之道。《老子》二章："圣人处无为之事，行不言之教。"《老子》第四十三章："不言之教，无为之益，天下希及之。"《老子》第十七章："悠兮其贵言。"

莫言　修身的最高境界。

164

悊言玺

铜质。方形，坛纽。长、宽、高均 1 厘米，重 2.7 克。玺体方正，抛光极精。大部分呈铅灰色，少部分附红斑绿锈，玺体有多道裂痕。究其原因，是玺体中空置范土，铜壁较薄，内外均受腐蚀所致。笔者所藏玺体中空置范土的箴言玺中，多有裂痕。玺文为"悊言"二字，阳文，反书，"悊"字减笔，风格属三晋。《汇编》收入 8 枚，民间常见。

悊言 谨慎发言。《周易·系辞上》："言行，君子之所以动天地也，可不慎乎？"《论语·季氏》："侍于君子有三愆：言未及之而言谓之躁，言及之而不言谓之隐；未见颜色而言谓之瞽。"《荀子·劝学》："不问而告谓之傲，问一而告二谓之囋。"

铜质。长方形，坛纽。长 2.1、宽 1.9、高 1.3 厘米，重 16.2 克。玺体扁平，造型端庄，玺体顶部镀铬，呈银白光。腐蚀很轻，大部分呈黄铜本色，局部附红斑绿锈。玺面置边框，自每边中点向相邻边中点划弧形阴线，将玺面分四等份，刻四字，中间布白，极富装饰性。玺文为"慎言敬愿"四字，阴文，反书，风格属秦。《汇编》无此玺，民间珍稀。

慎言谓谨慎发言。敬谓恭敬，愿谓质朴谨厚的心灵。《说文·心部》："愿，谨也。从心，原声。"《论语·泰伯》："侗而不愿。"《左传》襄公三十一年："愿，吾爱之，不吾叛也。"

慎言敬愿　谨慎发言，忠爱心灵。

敬上玺

铜质。方形，坛纽。边长1、高1.2厘米，重5.4克。玺体端庄，制作精细，棱角分明，纽顶半环也抛光成五面体，少见。满身铅灰光，附零散绿锈，玺体抛光面有剥落，纽有裂痕。玺面保存完好，玺文为"敬上"二字，阳文，反书，书法极精，几无锈迹，风格属三晋，且属三晋敬上玺类之精品。《汇编》收入24枚，民间常见。

敬谓恭敬，上谓天地，谓先祖，谓君师。《孝经·广要道章》："礼者，敬而已也。"《荀子·礼论》："礼有三本，天地者，生之本也；先祖者，类之本也；君师者，治之本也。""三者偏亡焉，无安人。"

敬上 敬天地，敬先祖，敬君师，统称敬上。

铜质。圆形，坛纽。直径 1、高 1 厘米，重 3.6 克。玺体大部分附零散的蓝锈和灰绿锈，局部露铜呈铅白光，玺面边框有破损，字口清晰，玺文为"惄上"二字，阳文，反书，风格属三晋。《汇编》收入 3 枚，民间珍稀。

惄上　敬上。

168

敬丌上玺

铜质。方形，坛纽。边长 1.3、高 0.9 厘米，重 4.3 克。玺体稍扁，满身附灰绿锈，侧面除锈露铜处或呈铅灰光或红色。玺面平整，字口粘锈，玺文为"敬丌上"三字，阳文，反书，风格属秦。《汇编》收入 12 枚，民间常见。

丌读其，为语助词。侯马盟书三一五："以事丌宝（主）。"《汇编》0253 为"会丌仓钸。"《说文·丌部》："丌，下基也。荐物之丌，象形。"段玉裁注："墨子书其字多作亓。"

敬其上　敬上。

铜质。长方形，坛纽。长 1.7、宽 1.5、高 1 厘米，重 9.9 克。玺体扁平，肩饰一周连珠纹，满身附灰绿锈，玺顶露铜处呈黑漆古色。根据玺文书法需要，玺面布不规则田字格。玺文为"敬悊丌上"四字，阳文，反书，风格属秦。《汇编》无此玺，民间珍稀。

敬悊其上　敬上。

170

铜质。方形，坛纽。长、宽、高均 1.3 厘米，重 6.8 克。出土于山西忻州，玺体经清理，多处呈铅灰色铜光，附薄绿锈和红斑。玺文为"敬祀"二字，"祀"字巳部异构，阳文，反书，风格属三晋。《汇编》无此玺，民间罕见。

敬谓恭敬，祀谓祭祀。《左传》文公二年："祀，国之大事也。"《诗经·大雅·云汉》："不殄禋祀，自郊徂宫。"《荀子·礼论》："祭祀，饰敬也。"

敬祀　重视并做好祭祀活动。

铜质。正方形，瓦纽。边长2、高1.2厘米，重17.3克。玺体方正，满身附泛蓝绿锈，玺面布日字格，每格表达一种思想，玺文为"思言敬事"四字，阴文，反书，风格属秦。《汇编》无此玺，民间较多。此类玺面也有布田字格者。

思言敬事　谨慎发言，认真办事。《论语·学而》："君子食无求饱，居无求安，敏于事而慎于言，就有道而正焉，可谓好学也已。"

172

文 □ □ □ 玺

铜质。亭形，鼻纽。长、宽均 1.3、高 1.1 厘米，重 5.5 克。玺体亭
盖都很薄，四立柱更细，满身附很厚的红斑，露铜处呈铅灰色。玺面
为隔开的四等份，附边框的玺格，分铸四字。玺文风格属三晋。《汇编》
无此玺，民间珍稀。

铜质。亭形玺，鼻纽。长 1.5、宽 1.4、高 1.2 厘米，重 5.2 克。玺面
亭顶都很薄，立柱较粗，腐蚀较轻，只附零散薄绿锈。亭顶作四面斜
坡式，分别饰镀铬云雷纹，呈银白光。玺面为隔开的四等份，附边框，
分铸四字。玺文风格属三晋。《汇编》无此玺，民间珍稀。

王□□□玺

174 | 宙
玺

铜质。圆形，坛纽。直径 1.1、高 1 厘米，重 4.8 克。玺体高挺，坛纽较矮，大部分附红斑绿锈，局部无锈呈黄铜色，露铜处呈红色。玺面边框完整，字口清晰。玺文为"宙"字，阳文，正书，风格属三晋。《汇编》无此玺，民间罕见。

宙，古往今来。《尸子》卷下说："往古来今曰宙。"《庄子·齐物论》："旁日月，挟宇宙。"《淮南子·天文训》："宇宙生气。"

宙　立志久远。

铜质。圆形，鼻纽。直径 1.3、高 0.9 厘米，重 4.7 克。玺体古朴，造型不规矩，顶部凹凸不平，肩部不齐，纽孔一面呈方形，一面呈半圆形，铸造不精，多处有铸后打磨痕迹。满身呈黑漆古色，局部附翠绿锈和红斑。玺面为漩涡纹，纹饰底部布满绿锈，除锈处露红斑。

漩涡纹玺

此玺和本书 076 号中玺、078 号乙玺、204 号公玺等形制相近，故为同时期作品，造型古朴，推测为东周早期遗物。

据资料记载，西方古代也有此类漩涡纹，可谓中西同纹，文化互通。观其象，有生生不息、运动永恒之意，还有循环往复、规律可循之门。

肆

正名篇

《老子》第三十二章：
"始制有名，名亦既有，
夫亦将知止，知止可以不殆。"

《论语·子路》：
"必也正名乎！"

《管子·白心》：
"名正法备，则圣人无事。"

《管子·宙合》：
"夫名实之相怨久矣，是故绝而无交。
惠者知其不可两守，乃取一焉。"

一

铜质。带钩形，牛首衔环纽。纽长 4、玺径 1.2 厘米，重 12 克。钩体为牛首衔环形，牛首前额宽大，牛角饰斜弦纹，从上向内弯曲，双目圆睁，牛鼻饰三弦纹，环从鼻内穿过，造型生动。腐蚀较轻，满身呈黑漆古色，零星地散布薄红斑绿锈。带钩扣面作玺面，玺文为"士"，阳文，正书，饰圆形边框，风格属秦。《汇编》收入 3 枚，民间常见，但带钩形铸阳文者罕见。

士谓底层官员。《礼记·王制第五》："诸侯之上大夫卿，下大夫，上士，中士，下士，凡五等。"《白虎通·五祀》："士者位卑禄薄。"

士谓知识分子。《论语·子路》："行已有耻，使于四方，不辱君命，可谓士矣。"《诗经·周颂·清庙》："济济多士，秉文之德。"《孟子·尽心上》："士穷不失义，达不离道。"

士　既是底层官员，又是知识分子，可谓德才兼备之人。

177

士玺玺

铜质。方形，坛纽。边长 1.1、高 1.2 厘米，重 5 克。玺体端庄，坛置台式，周身布满薄红斑绿锈，字口清晰，没有人工清理的痕迹。玺文为"士玺"二字，阳文，反书，风格属秦。《汇编》收入 1 枚，民间珍稀。

玺谓诚信凭证。《说文·土部》："玺，王者之印也。"《说文·印部》："印，执政所持信也。"《汇编》收入单字"玺"有 32 枚，民间较多，可见，玺是对外信用凭证，也是对己保持诚信的警示符契。

士玺　是士阶层社会交往的信用凭证，也是佩戴者守道修身的警示符契。

铜质。长方形，瓦纽。长 2，宽、高均 1.2 厘米，重 11 克。玺体较厚，方正端庄，满身附薄薄灰绿锈，四侧面除锈露铜，呈红色，玺面作日字格。玺文为"仁士"二字，阴文，反书，风格属秦。《汇编》无此玺，民间常见。

仁谓爱人，在《论语》、《孟子》等儒家经典中多处论述"仁"、"孝弟"、"泛爱众"、"安人"等。可知仁为亲爱之情，博施济众之德，是以孔子为代表的儒家思想核心。

仁士　保持仁爱之心的德才兼备之人。

仁士玺

178

179

仁士玺

青玉质。楔形纽。长 1.8、宽 0.5、高 2.3 厘米，重 5.4 克。玉光内蕴，边角处仍留有土沁。玺文为"仁士"二字，阴文，反书，风格属秦。仁士铜玺常见，玉玺罕见。

铜质。方形，鼻纽，纽座微隆起。边长 1、高 1.2 厘米，重 3.3 克。玺体腐蚀较重，满身裂痕，边框有破损，大部附灰绿锈，局部无锈呈黑漆古色。字口清晰，玺文为"中士"二字，阳文，反书，风格属楚。《汇编》无此玺，民间罕见。

中士　底层官员。《老子》第四十一章："中士闻道，若存若亡。"《孟子·万章下》："君一位，卿一位，大夫一位，上士一位，中士一位，下士一位，凡六等。"

王
之
上
士
玺

铜质。长方形，鼻纽，连珠纹纽座。长 1.5、宽 1.4、高 0.8 厘米，重 5.3克。局部呈黑漆古色，大部分为土褐色锈所覆盖，字口下的绿锈和侧边的蓝锈显得十分鲜艳。玺文为"王之上士"四字，阳文，反书，风格属秦。《汇编》收入 8 枚，民间常见。

王谓国家最高执政者。《说文·王部》："王，天下所归往也。董仲舒曰，古之造文者，三画而连其中谓之王。三者，天地人也。而参通之者，王也。"《荀子·正论》："令行于诸夏之国，谓之王。"之通其。《诗经·魏风·硕鼠》："谁之永号！"《老子》第二章："天下皆知美之为美，斯恶已。"上士谓爵位。《老子》第四十一章："上士闻道，勤而行之"；《孟子·万章下》："君一位，卿一位，大夫一位，上士一位，中士一位，下士一位，凡六等。"

王之上士　享有王室四等爵位的官员，也是遵道而行之人。

铜质。长方形，鼻纽。长 2、宽 1.4、高 1.4 厘米，重 19.4 克。玺体厚重，造型古朴，通体一半白光一半红斑锈。玺文为"壮士"二字，阴文，反书，风格属秦。《汇编》无此玺，民间亦罕。

壮谓刚强而正直。《周易·大壮》："大壮利贞，大者正也。"

《庄子·在宥》："慎守女身，物将自壮"。

壮士　刚强而正直之士。

211

喜
士
正
行
玺

铜质。方形，坛纽。长 1.7、宽 1.6、高 1.2 厘米，重 14.4 克。玺体端庄，大方。印面被磨平，字口见绿锈，其余部位为灰绿锈，偶见黑漆古色。玺文为"喜士正行"四字，阴文，反书，风格属秦。《汇编》无此玺，民间罕见。

喜士正行　喜悦之士，率道而行。

铜质。方形，瓦纽。长 1.2、宽 1.1、高 0.6 厘米，重 2.9 克。玺体扁平，满身绿锈，偶见红斑，玺面边框略高于玺文。玺文为"宜士和众"四字，阳文，正书，风格属秦。《汇编》无谱，民间较多。

王献唐遗书《五灯精舍印话》指出："古人用印，多施于泥上，虽凹无碍，非如今时纸平不能出字也。字凹有边为护，可免伤损，及钤于泥上，四边深嵌，逗起字文，格外显露……此正古人妙用，一器一物，皆深思入微。"此类现象在秦玺中习见。

宜士和众　胸怀仁义之士，善与众人和睦相处。

宜民和眾玺

铜质。方形，瓦纽。长 2、宽 1.9、高 1 厘米，重 14 克。玺体古朴大方，通体灰绿锈，玺面布田字格。玺文为"宜民和眾"四字，阴文，反书，风格属秦。《汇编》无谱，民间常见。

民谓人。《论语·雍也》："务民之义，敬鬼神而远之，可谓知矣。"《左传》成公十三年："民受天地之中以生，所谓命也。"

宜民和眾　胸怀仁义之人，善与民众和睦共处。

铜质。方形，坛纽。边长 1.6、高 1.8 厘米，重 15.3 克。满身附厚薄不均的绿锈，规格尺寸较大，字口清晰，唯玺面右上角残缺。玺文为"安官"二字，阳文，正书，风格属三晋。《汇编》收入 20 枚，民间常见。

安谓安民。《礼记·曲礼上》："安，定辞，安民哉。"《论语·宪问》："修己以安人"，"修己以安百姓"。《荀子·王制》："故君人者，欲安则莫若平政爱民矣。"官谓事君之吏，《管子·小匡》："公立三官之臣"。《说文》："官，吏事君也。"

安官　安民爱民的官员，为人民服务的官员。

187

宜
官
玺

铜质。圆形，坛纽。径1、高0.8厘米，重3.1克。玺体大部分呈黄铜光，少部分附绿锈红斑，腐蚀很轻，上乘品相。玺文为"宜官"二字，阳文，反书，"宜"字宝盖头横笔借用边框，并成倾斜状，使得书法结构疏朗，极具艺术效果，风格属三晋。《汇编》收入7枚，民间常见。

宜官　胸怀仁义，言行合宜的官员。王人聪在《战国吉语·箴言玺考释》中列入吉语系列，解义为"适宜做官"，从字面看，并无不妥，但容易被理解为携带者已经具备做官条件，可以做官。这不是此玺本意。如果改成"做适宜的官"，就比较贴切。

铜质。圆形，瓦纽。印径 1、高 1 厘米，重 2.2 克。玺体大部分附绿锈红斑，少部分露铜处呈黑漆古色，腐蚀很轻，生坑品相。玺文为"宜官"二字，阳文，反书，"宜官"二字宝盖头的一部分分别借用玺面边框，并向内倾斜，显得书法结构疏朗，极具艺术效果，风格属三晋。

宜官　胸怀仁义，言行合宜的官员。

恧官玺

铜质。方形，坛纽。边长 1.1、高 1.2 厘米，重 5.6 克。大部分玺体为红斑覆盖，少部分呈灰白色。玺文为"恧官"二字，阳文，反书，恧字省笔，风格属三晋。《汇编》收入 5 枚，民间常见。

恧官 恭敬谨慎的官员。儒家倡导谨慎做官。孔子提出"以道事君，不可则止"。孟子强调"君臣有义"；"宝珠玉者，殃必及身"；荀子主张"天下有中，敢直其身；先王有道，敢行其意；上不循于乱世之君"。而汉代董仲舒把君臣关系概括为"君为臣纲"。这是违背儒家创始人的基本精神的错误概括，也不符合孔子、孟子等儒家创始人的仕途实践。

长官玺

铜质。方形，坛纽。边长 1.6、高 1.2 厘米，重 7.3 克。多半玺体覆盖灰绿锈，其余呈黑漆古色，尺寸较大，品相很好。玺文为"长官"二字，阳文，反书，风格属三晋。《汇编》收入 8 枚，民间常见。

长谓公卿之尊贵者。《孝经·士章》："以敬事长则顺。"《仪礼·燕礼》："若宾若长，唯公所酬。"《墨子·尚贤》："可使长官者使长官……此皆国之贤者也。"还指出："贤者之长官也，夜寝夙兴，收敛关市，山林、泽梁之利，以实官府，是以官府实而财不散。"

长官　贤臣。

宜王玺

铜质。方形，坛纽。边长 1、高 1.3 厘米，重 5.9 克。玺体端庄，制作精细，呈灰白色，露黄铜，显红斑，有裂痕，被清理过，行内称熟坑品相。玺文为"宜王"二字，阳文，反书，书法秀美，风格属三晋。《汇编》收入 4 枚，民间珍稀。

宜王　守天道，安百姓，知荣辱，决策合宜的君王。

金质。圆形，鼻纽。直径 1、高 1.2 厘米，重 5.1 克。传出土于晋豫交界处，出土时满身红斑绿锈，后经除锈成现在的形象，鼻内和字口内的红斑土锈依然清晰可见。玺文为"生"，阳文，正书，风格属三晋。《汇编》收入 29 枚铜玺，民间较多。金玺为仅见。

生谓天地之大德。《老子》："道生一，一生二，二生三，三生万物。"《周易·坤·象传》："至哉坤元，万物资生，乃顺承天。"《周易·系辞上》："生生之谓易。"《周易·系辞下》："天地之大德曰生。"

生谓德才兼备之人。《史记·儒林列传》："言尚书自济南伏生。"《文选·扬雄》："于兹乎鸿生钜儒。"

193

生玺

铜质。圆形，鼻纽。直径 1.8、高 0.6 厘米，重 5.2 克。玺体扁平，造型古朴，露铜处呈黑漆古色，局部附泛蓝的绿锈，生坑品相。玺文为"生"，阳文，正书，风格属三晋。

《老子》："万物负阴而抱阳，冲气以为和。"《庄子·知北游》："通天下一气耳。""人之生，气之聚也。"

此玺边框圆形象征天，玺面两侧似圆似钩的纹饰寓意"通天下一气耳"。玺文"生"字寓意"冲气以为和"，亦即"气之聚"。图文并茂，形象生动地反映了制玺者和佩玺者对"生"的深刻领悟。

铜质。亭形，亭顶猪形，卧状，鼻纽。猪长 1.6、玺径 1.1、高 1.2 厘米，重 4.1 克。满身黑漆古色，只有亭内和字口里附有灰绿锈，猪身刻满猪毛纹，形象生动，造型罕见。玺文为"生"，阳文，正书，风格属秦。

195

上又生玺

铜质。亭形，鼻纽。长 1.3、宽 1.2、高 1.1 厘米，重 4.9 克。亭顶为方形台式，纽残，附绿锈，露铅白光，三亭柱，柱下分铸三个方形玺面，分别铸字。中间留出镂空正三角形，极具艺术效果。玺文为"上又生"三字，阳文，反书，风格属秦。《汇编》无此玺，民间珍稀。

上谓尊者。《论语·学而》："其为人也孝弟，而好犯上者，鲜矣！"《孝经·士章》："忠顺不失，以事其上。"又谓重复。《诗经·小雅·小宛》："天命不又。"《助字辨略》卷四："又，复也，更也。"生谓增长知识。《周易·观·象篆》："观我生进退。"《说文·生部》："生，进也。"

上又生 贵者更应学文。

铜质。方形，坛纽。边长 1.4、高 1.2 厘米，重 6.8 克。玺体方正，满身呈黑漆古色，局部有灰土锈和红斑锈。玺文为"明上"二字，阳文，反书，风格属三晋。《汇编》收入 26 枚，民间常见。

明谓知道。《老子》第五十二章："用其光，复归其明。"《老子》第五十五章："知和曰常，知常曰明。"上谓尊贵者，谓君王。《尚书·吕刑》："穆穆在上，明明在下。"《荀子·正论》："上者，下之仪也。"

明上　圣明君王。

明下玺

铜质。方形，坛纽。边长 1.4、高 1.6 厘米，重 12.2 克。玺体高大，布满灰绿锈。玺文为"明下"二字，阳文，反书，风格属三晋。《汇编》收入 4 枚，民间常见。

明谓知道，下谓群臣，百姓。

明下　圣明贤臣。也指隐居圣人。

铜质。亭形，鼻纽，双圈连珠纹纽座。长 1.9、宽 1.8、高 1.4 厘米，重 12.1 克。玺体端庄，大部分附翠绿锈，局部为土锈，造型奇特，制作精细，尺寸较大，品相上等。玺文为"喜生"二字，阴文，反书，风格属秦。《汇编》无此玺，民间罕见。

喜谓愉悦的心情，生谓德才兼备之人。

喜生　德才兼备的喜悦之人。《论语·雍也》："知者乐水，仁者乐山；知者动，仁者静；知者乐，仁者寿。"

富生玺

铜质。方形，坛纽。长、宽、高均 1.4 厘米，重 9.5 克。玺体方正，呈铅灰光，字口内多为灰绿锈。玺文为"富生"二字，阳文，正书，风格属三晋。《汇编》收入 8 枚，民间常见。

富谓明道，生谓有德之人。

富生　胸怀道德之人。

铜质。方形，坛纽。边长 1、高 1.1 厘米，重 3.3 克。玺体大部分为灰绿锈覆盖，少部分呈铅白光，并露出一些弯曲的裂痕。玺文为"宜生"二字，阳文，反书，风格属三晋。《汇编》收入 2 枚，民间珍稀。

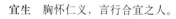

宜生　胸怀仁义，言行合宜之人。

201

悊
生
玺

铜质。圆形，鼻纽。直径1、高1厘米，重3.9克。出土于上蔡，满身铅灰色，附零星浅绿锈，典型的水坑品相，纽有破损，字口有划痕，腐蚀较重。玺文为"悊生"二字，阳文，反书，风格属秦。《汇编》无此玺，民间罕见。

悊生　恭敬谨慎之人。

铜质。方形，坛纽。边长 1.1、高 1.3 厘米，重 6.4 克。出土于山西忻州，玺体大部分呈铅灰光，局部附绿锈和土锈，行内称半水坑品相。玺文为"昌生"二字，阳文，正书，风格属三晋。《汇编》无此玺，民间罕见。

昌谓盛德。《尚书·皋陶谟》："禹拜昌言"，《大戴礼记·虞戴德》："天事曰明，地事曰昌。"《说文·日部》："昌，美言也。从日，从曰。一曰日光也。诗曰：东方昌矣。"

昌生 清明盛德之人。

203

王亓有正玺

铜质。方形，鼻纽。边长 1.3、高 1.2 厘米，重 5.8 克。玺体呈灰黑色，上部和字口内有少量绿锈，四侧经清理后留有暗淡的红斑。玺文为"王亓有正"四字，阳文，反书，风格属三晋。《汇编》收入 1 枚，民间珍稀。

按照古玺常规释读顺序，此玺读作王有亓正；参照《汇编》4791 和 4792"正行亡私"的释读顺序，此玺读作王亓有正。其义一致。

王谓君王。亓作其，语助词。有亦谓语词。《论语·泰伯》："则有司存。"《诗经·大雅·文王》："有周不显"。正谓官员，《尚书·酒诰》："有正，有事，无彝酒。"《诗经·小雅》："不惩其心，覆怨其正。"

王亓有正（王有亓正） 王室官员。

铜质。方形，鼻纽。长 1.3、宽 1.2、高 0.9 厘米，重 5.3 克。造型古朴，鼻纽上窄下宽，满身铅灰光，局部有翠绿锈。玺文为"公"，阳文，正书，风格属秦。《汇编》收入 9 枚，民间常见。

公　公心、公平、公正之德。《礼记·礼运》："大道之行也，天下为公，选贤与能，讲信修睦。"《说文·八部》："公，平分也。从八，从厶。"

公　对有德之人的尊称。《尔雅·释诂上》："公，君也。"《礼记·王制》："公侯伯子男，凡五等。"《春秋繁露·考功名》："有益者谓之公。"

205

公
玺

铜质。圆形，鼻纽。直径 1.5、高 0.9 厘米，重 3.8 克。玺体扁平，造型古朴，鼻纽纵看上窄下宽，呈铅白光，附有土锈、绿锈和蓝锈，玺文为"公"，阳文，正书，公字下部借用边框。风格属秦。

甘露堂记

　　《说文·甘部》：“甘，美也。从口含一。一，道也。”《说文·雨部》：“露，润泽也。”

　　美食称甘露，《本草纲目·草部四》：“甘露即芭蕉也。”美德称甘露，《妙法莲花经·草药御品》：“为大众说甘露净法。”盛世称甘露，《汉书·宣帝纪》：“元康元年……甘露降未央宫。”从西汉到五代十国有五个帝王将自己的年号定为甘露年。福地称甘露，三国时期的吴国在今江苏省镇江市北固山上建寺庙，相传建庙时适降甘露，故取名甘露寺。文集称甘露，笔者收藏的汉残石拓片中，有基本完整的隶书体“甘露集”三个字，应为对某部文集的赞美。可见甘露就是人们心目中赖以生存的理想的物质条件、美好的思想道德和安定的时空环境统称。

　　洛阳是九朝帝王都，中华文明发祥地，高古文物集散场，亦为笔者心目中的甘露城市；家有贤妻良母，宝贝儿女，可心文玩，可谓天时、地利、人和俱佳，取名“甘露堂”顺理成章。

　　2001 年，笔者进京拜见沈鹏先生，沈先生欣然为笔者题写“甘露堂”墨宝。

后 记

战国箴言玺的征集，得益于张宇晖先生创办的盛世收藏网，感谢"玺印封泥"版众多古玺爱好者及时提供信息，感谢新郑周树军，北京李广，济南谭洪波，江阴冯雷、郑州周建设父子，洛阳王剑、梁宏、西安尹继全等古玺收藏鉴赏家割爱惠让；感谢北京吴砚君先生，郑州许雄志先生，上海施谢捷教授亲临洛阳寒舍鉴定真伪，探讨地域风格，研究玺文释读。

感谢洛阳市文物局研究员、笔者良师益友蔡运章老师热情支持，指导笔者精读诗书，研究玺文，细心草拟辞条范围，不断帮助笔者充实前言内容，最后还对本书文稿提出宝贵修改意见。

感谢古玺鉴赏家王凯协助打制封泥，感谢摄影师蔡梦珂精心摄影，感谢收藏鉴赏家李珩女士长期关心、资助本书出版，感谢儿女周翔、周笋协助图片编辑。

苏士澍先生为本书题写书名，李学勤先生和蔡运章先生不但帮助解决玺文疑难，还为本书作序，为本书增光添彩，深表谢意。

周建亚

2013 年 4 月